Nayuka Mine

I'M FABULOUS, AND YOU BETTER KNOW IT!

もっと

オシャレな人って思われたい！

峰なゆか

扶桑社

I'M FABULOUS,
AND YOU BETTER
KNOW IT!

はじめに

先日、誰がどう見てもオシャレな人生を歩んできたオシャ人と話す機会があって、そしたら「つーかこのタイトルなんなんですか？（笑）」と言われました。

「このタイトル」というのはもちろん、この本の「もっとオシャレな人って思われたい！」のことです。彼女的にはオシャレというのは、その日その時に自分の心から着たい服を着ることであって、それを他人からオシャレと評価されてもダサいと思われても、まったく気にならないそうです。

さらに彼女に「そもそもなぜオシャレな人だと思われたいだなんて思うの？」と畳み掛けられて衝撃が走りました。「そもそもなぜご飯が食べたいだなんて思うの？」と聞かれた気分です。「腹が減るからだよ‼」としか答えようがない。

「オシャレな人って思われたい」という欲は食欲とか睡眠欲みたいな、満たされなければ死ぬレベルの、生物として生来備わっている根源的な欲求なのです、ということを彼女に説明しても分かってもらえるはずもなく……。

オッケーオッケー。知ってた知ってた。まあそういう種類の人もいるよね。なんつーか、どうせ実家が都内にあって、高い犬を多頭飼いしたりしていて、血の臭いも泥水の味も知らないままに生きてきたのでしょう?

残念ながら私は彼女と違う種類の人間なのです。付け足して言うと、残念ながらこの本を読んでいるあなたはたぶん私と同じ種類の人間。だって真にオシャレな人はこんなタイトルの本を手に取らないから。

さて、この本で私が書いているのは、私たちは今から真にオシャレな人になることはできないかもしれないけど、でもオシャレな人のフリをして周囲の人間を欺《あざむ》くことはできるかもしれませんということ。なのでこの本は読み終わり次第ゴミ箱にでもぶち込んで証拠隠滅してもらって、「私はオシャレな人だと思われたい欲のことなんて知りませんし、実家は港区にあります」みたいな顔して歩き出しましょう。

I'M FABULOUS,
AND YOU BETTER
KNOW IT!

ああ、褒められたいし、評価されたいし、羨ましがられたいし、他人と比べて上の存在だと知らしめたいし、反省とかはしたくないし、欲望は止まらない。私はたぶん一生こう願っていると思うのだけど、はあ、もっとオシャレな人って思われたい!!

ポイッ
さあ歩き出そう
伊勢丹へ向かって――……

CONTENTS

FASHION Part1

BEAUTY Part2

LIFESTYLE Part3

日々のあれこれ

FASHION
Part1
ファッションの迷宮

「モテる女」から「オシャレな人」を目指す！ という
目標ははっきりしたものの、
その目指す「オシャレ」って何？

思えば物心ついた時から気にしていたかも。
そう、何を選んでどんな風に身に着けるか、
それは、永遠に追求し続けるテーマ。
しかも今日の正解は明日の正解とは限らない！

「好きな服」を着て、
みんなから「オシャレ」って思われて、しかも
「モテたい」も叶えるためには、さあ、今日、何着る？

F A S H I O N

1

✤

いつも心に スクールカースト

校則というルールに縛られることで自我が目覚め、
「私とあの子」の立ち位置が違うことに
気づき始めた中学生時代。
あの頃に感じたヒエラルキーは、今も心の奥底に!?

髪の少ない人にだけ
許される3ミリのゴム…
オシャレなゴム
3ミリ
ダサいゴム
5ミリ

通っていた中学校は田舎の公立校然とした堅めの校則で、髪はもちろん黒、肩につく髪は結ぶ、ヘアゴムは黒、紺、茶のみ。靴下は白でワンポイントのみ可。

この校則の水面下で中学生間のオシャレバトルが繰り広げられていたのです。

まず髪を結ぶゴム。オシャレな子は通常よりちょっと細めの直径3ミリのヘアゴムを選んで、それをアクセサリーとして1、2本手首につけておきます。もちろん色は紺色、ゴムのつなぎ目が銀色の金具になっているやつです。

中学生の華奢な手首に3ミリの紺色の映えること。金具の銀とゴムの紺のコントラスト。なんとオシャレなんだろうと息を飲んだもの

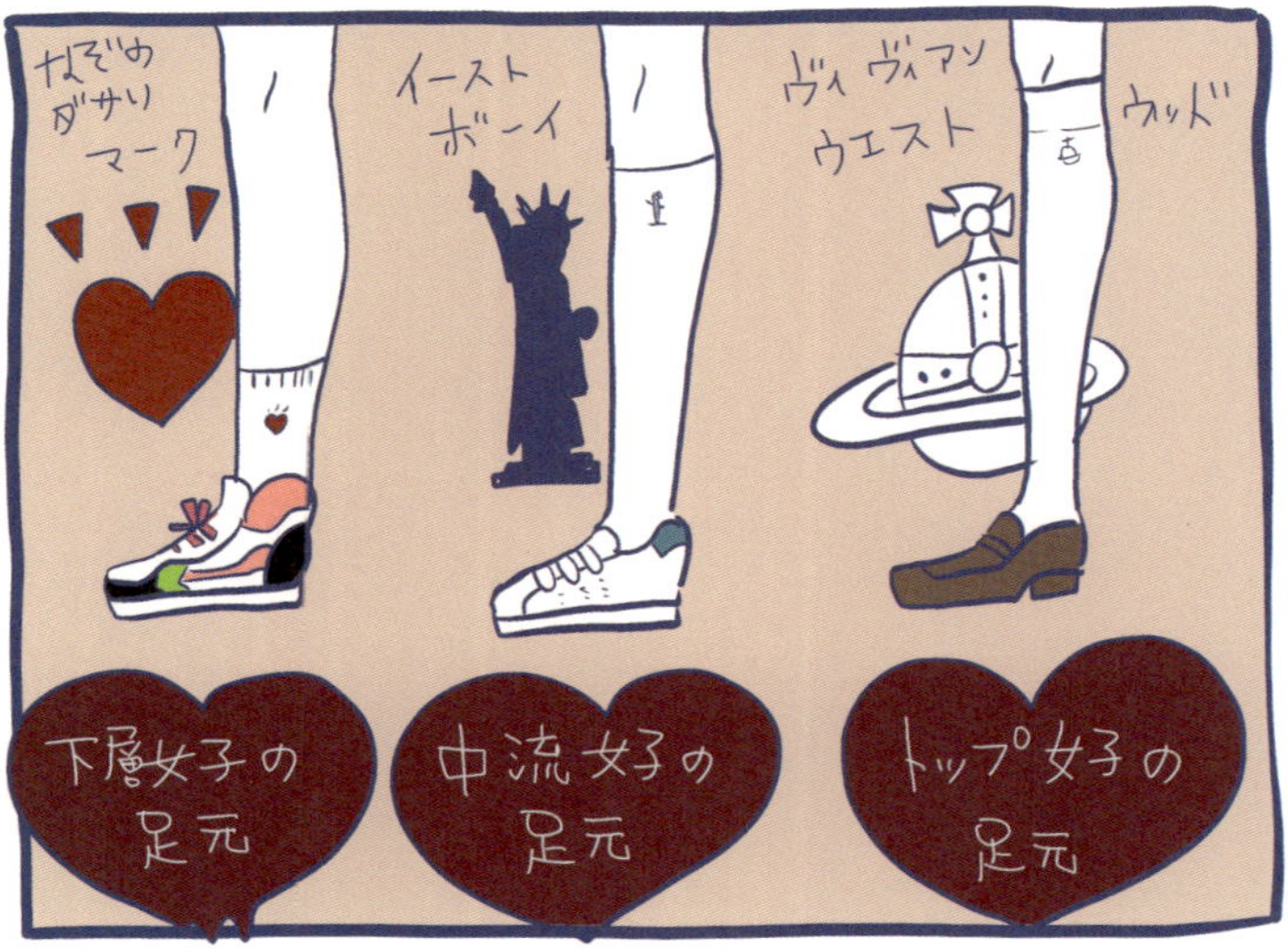

ですし、人様のブレスレットを見てあれほど感嘆したことは後にも先にもありません。

そして最も大切なのは靴下です。『セブンティーン』にはふくらはぎの一番太いところより2〜3センチ上ではくと一番脚が細く見えると書いてあったけど、そんな小細工を使う必要もないほど私は余裕で脚が細いですよと言わんばかりに、推奨位置よりさらに少し上、膝の下ギリギリの位置にソックタッチで留めるのがオシャレ女子たちの誇りです。

なかでも至宝中の至宝とされていたのは、イーストボーイでもラルフローレンでもなく、ヴィヴィアン・ウエストウッドのハイソックス。なんと一足三千円という中学生には目玉の飛び出る価格ながらも、それをはい

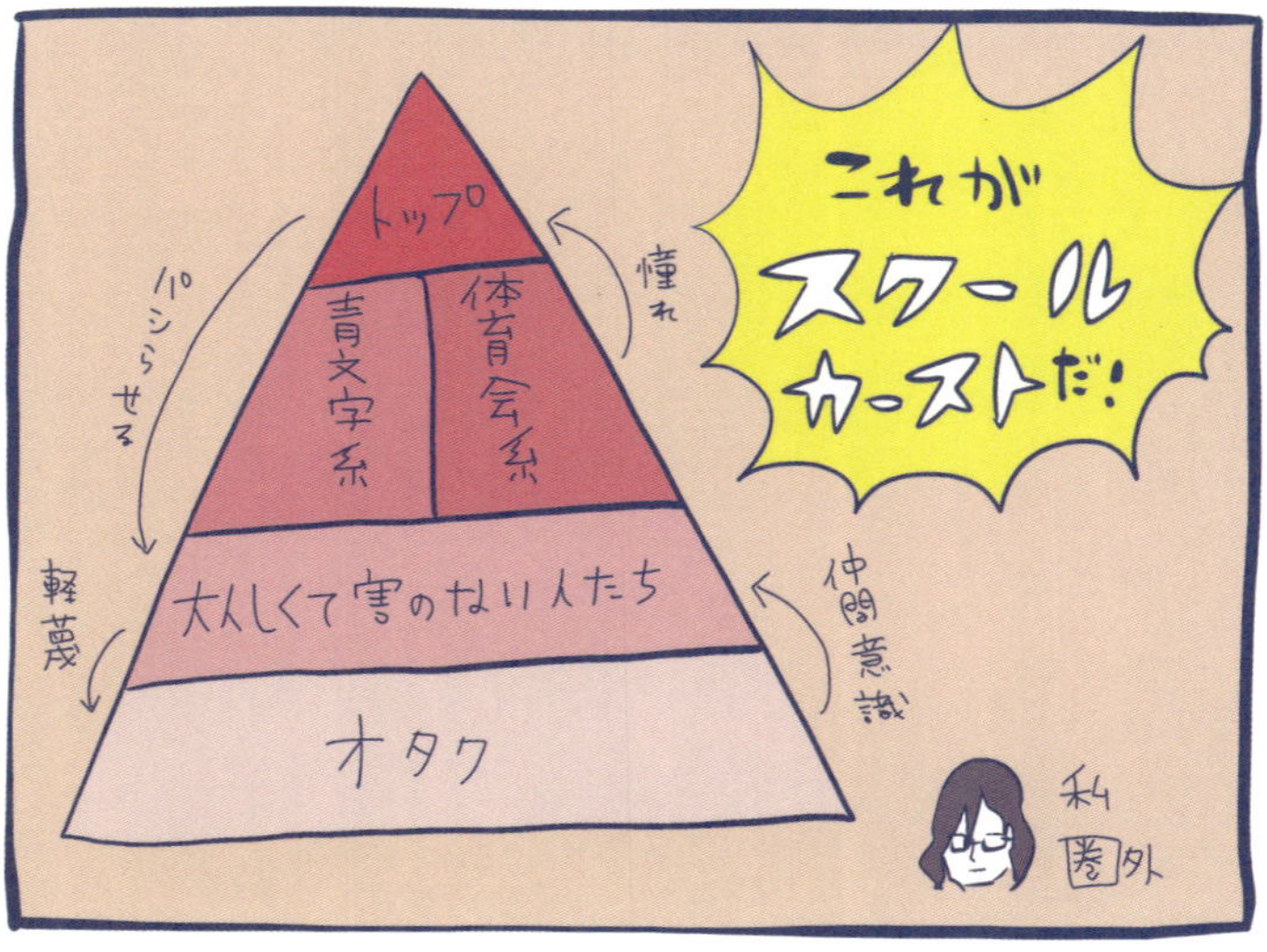

てきた人間はその日から若干スクールカーストが上がるほどのパワーがありました。

　私ですか？　中学生時代の私はカーストの最底辺の位置にいたので髪に何かつけるとか靴下にワンポイントがあるとかは許されない立ち位置にいました。

　スクールカーストといえば髪型と深く関わりのあるもので、基本的にカースト下位なほど髪を縛る位置が下、カースト上位ほど上の位置で結べることになっています。

　私が一番憧れたのは、カーストトップにしか許されない髪型、三つ編みパーマをした髪を上の方の位置でツインテールにする「うさぎちゃん結び」と呼ばれていた髪型です。

　いくら中学生でも痛くなりがちなこのスタ

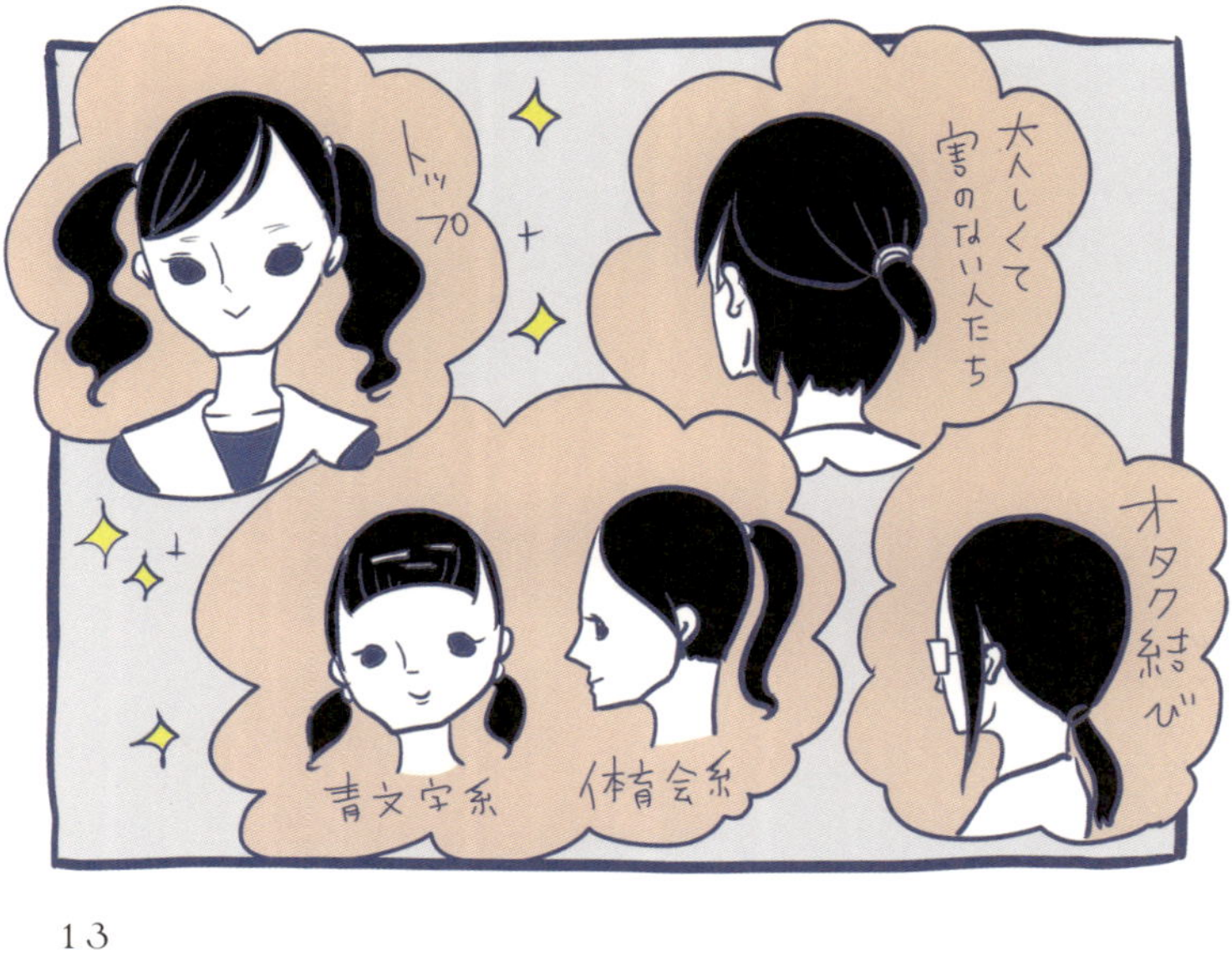

1

いつも心にスクールカースト

イルに説得力を持たせられるのは、さらに限られたとびきりの美少女だけ。

今でも夜中に一人思い立って、中学生の頃はとても手を出す勇気がなかったうさぎちゃん結びにしてみたりすることがあります。無理があるにも程があるなと鏡を見てはため息をついて、中学生時代の校則とカーストに縛られた中でのストイックなオシャレを思い起こすのです。

という話を元スクールカースト上位の人に話すと、「え？ そんなルールなくない？ ていうかうちの学校スクールカーストとかなかったし」とか言い始めるのでやっていられませんね！ 寝ます!!

小さめ衿
紋章
パフスリーブ
学校指定カバン
中にはもちろんペチコート着用!!
お嬢様女子校っぽい
ワンピース型
セーラーへの憧れが
今でもあります

F A S H I O N

2

デニム戦国時代の訪れ

誰もが一着は持っているであろうデニム。
都内で決行したオシャレ追求クルーズにて、
クローゼットの定番に峰なゆかが初挑戦した。
はたして、今はくべき旬な一本は
見つかるのか…？

デニムを一本も持ってません。と言うとわりと驚かれるのですが、これは私のスニーカーに対する苦手意識とまったく同じ理由で、何がダサくて何がオシャレなのかがまったくわからないからです。私センスで選んだスニーカー／デニムを「プッ、ダセェ〜」とか思われるのが怖すぎる！

　ところが昨年の夏にポケモンＧＯのやりすぎで膝を痛めた結果、スニーカーを履くことを余儀なくされました。煩悶した揚げ句に私が向かったのはユナイテッドアローズ。アローズなら絶対ダサいスニーカーなんて置いてないはず！という安直な理由からＮＩＫＥのスニーカーを購入し使用してみたところ、これがものすごく便利なのです。

アローズで買ったからダサくないはず!!
NIKEのエアフォースワン
男ウケいい！
ヒザも痛くない!!
ワンピによく合わせる

2

デニム戦国時代の訪れ

もしかしてデニムもはいてみたら便利なのでは……と考えた私が向かったのは、バーニーズニューヨーク。

バーニーズなら絶対ダサいデニムなんて置いてないはず！

早速店員さんにダサくないデニムのポイントを聞いたところ、「今の流行は裾は切りっ放し、もしくは細めに1、2回折る。でも10センチくらいで太めに折るのもまたリバイバルしつつある。今年はワイドパンツやボーイフレンドデニムがおすすめだけどスキニーも根強い愛用者がいるし、なんなら今こそあえてのブーツカットも来ている」とのこと。なんだ、その「犯人は20代から30代、もしくは40代から50代」みたいなノリ。

でも、私だってデニムをはいてた時代はあったんですよ。10年以上前、私の学生時代は、デニムのわかりやすい正解があったんです。できるだけタイトで、できる限りローライズのシマロンかX－girl。それさえはいとけばオールオッケーだったのに、今時はデニム戦国時代。さまざまな形のデニムが店頭を跋扈《ばっこ》していて、途方に暮れてしまいます。

とりあえず片っ端から試着した中で最もしっくりきたのがアクネストゥディオズのスキニーデニム。

私が学生時代にはいていたデニムと股上の深さ以外の違いがよく分からない、という点が私のゼロ年代魂を安堵させるのでしょう。それに天下のアクネのタグが後ろに付いてい

2

デニム戦国時代の訪れ

るから、これなら「プッ、ダセェ〜」とか思われることはないはずなのです！

あれっ、でもオシャレって誰かに「ダセェ〜」って思われないように服を選ぶことだったっけ……という疑問はドブにぶち込んで、

帰宅後にお買い物後恒例の一人ファッションショーを開催したところ、今まで何と合わせればいいのか分からなくて一回も着てなかったトップの合うこと合うこと。

かたくなにデニムを拒否していたこの十数年はなんだったのか、と困惑しながらも、私のデニム再デビューが今、始まる！

こういう
白タンクトップのことを
英語でwife-beater
(妻殴り)と呼ぶ
そうですね。
ウケる。

F A S H I O N

3

おしゃカースト上層部に潜入

東京を代表するファッションエリア原宿。
ショップ店員やカミングアップモデルなど
先端層が足繁く通うこの街では、
頻繁にストリートスナップの撮影が行われている様子。
道で声をかけられる人って一体どんな人？

恥を承知で申しあげますと、私は「おしゃれファッションスナップ」に載ってみたいんです。

上京したその日から今か今かと待ち望んでいたのに一向にスナップされる気配はなく時は過ぎ去り十数年。しかし未だに毎日のコーディネートを決めるときはいつもおしゃスナされた場合のことをネチネチ考えています。

おしゃスナってアイテムのブランド名を書くじゃないですか。これが全部ハイブランドでキマってると逆にダサい感じがするので、1、2個は古着とかファストファッションを交ぜておいたほうがベターだし、パッと見てわかるシャネルのバッグは「シャネル」と表記するより「もらいもの」とか書いたほうがモテる女感、も

おしゃスナされやすいポイントは服だけじゃなくて顔も!!
結局顔なのかよ!!
たまにこの人の服別にフツーじゃね…？みたいなスナップ見るけど顔かよ!!顔がかわいいからなのかよ――――!!!

しくは実家が裕福感が出せるのでは⁉ 今日のファッションテーマを聞かれたらどうしよう⁉……などなど。と、ここまでドロついた欲望をたぎらせているのに、なぜ私だけおしゃスナされないのか⁉

そこで今回はFASHIONSNAP・COMのカメラマンさんに実際のおしゃスナ現場に同行をさせてもらうことに。

このカメラマンさん、現在は黒髪白Tさわやか青年なものの、大学生時代はスナップされる側として金髪ロン毛奇抜古着ファッションに身を包みTacosという名前で活動していたという経歴の持ち主。これは期待できるぞ！ 早速おしゃスナのメッカ、表参道ローソン前に張り込みます。

おしゃスナされやすいポイントは、
①顔がかわいいこと！
②読者の参考になるようなスタイリングをしていること！
③トレンドのアイテムを持っていること！
④影響力があること！
⑤とにかく個性的なこと！

表参道を通り過ぎる人をいっしょに眺めていると、けっこうオシャレな人でもどんどんスルーしていくTacosさん。
「大学の中でオシャレ、レベルの人は撮らない。そこを突き抜けてきてもらわないと」とのこと。

本気でファッションスナップに載りたい人は、1日で3コーデくらいのガチオシャな服

SHIHARA
ピアス
泣ける!!
人生初のおしゃスナ!!
トップス PONTI
バッグ mame
スカート 109
なんか109とか…
フツーの服で大変
申し訳ありません!!
でも表参道の
人混みの中で
おしゃスナされるのは
最高にいい気分
でした!!
くつ 109

を持ってきて、毎回駅のトイレとかで着替えつつローソン前を何往復もするとのこと。泣けるお話ですよ。私がおしゃスナに載れなかった理由がはっきりとわかりましたね。

取材の最後に流れで私も写真を撮ってもらえることに。ところがこんな日に限って109の服とか着てしまっていて本当に心から申し訳ない……!!

ちなみにおしゃスナされるための裏技としては、カメラマンさんと友達になる！という方法もあるそうです。

私もまずTacosさんと友達になるところから始めるぞ〜！媚び！

昔なつかしのサイバー系…
FRUiTS休刊の理由が
昔よりオシャレな人が撮れ
なくなったかららしいんです
けど確かに最近ここまで
気合入った人はなかなか
見かけないよね…

F　A　S　H　I　O　N

4

✤

足元に咲く
マルキュー愛

女性の足元にはいくつもの物語があるんです。
デザインやプライスを考えてレジに辿り着くまでの
長く険しい道のりこそがリアルなところ。
ギャルの聖地を愛するアラサーちゃんの場合は？

P.26の私のコーディネート写真によって、私が未だに109をバリバリ愛用していることが露呈しましたが、だって109が大好きなんだもん！ これが例えば伊勢丹に買い物行くとですよ、欲しいものがありすぎるのに高すぎて買えない！ 何ならハイソな店員に見守られてる中で値札を確認する勇気がなくて、値段すらわからないまますごすご撤退することになったりするわけですよ。

そこにきて109！ アラサーとなった私の財力では今、値札なんていちいち確認する必要なく買い物無双ができるのです。最高！

中でも特に重宝しているのがハイヒール。なんでだかルミネ系の高すぎず安すぎずな価格帯の靴って、ヒールも高すぎず低すぎずの

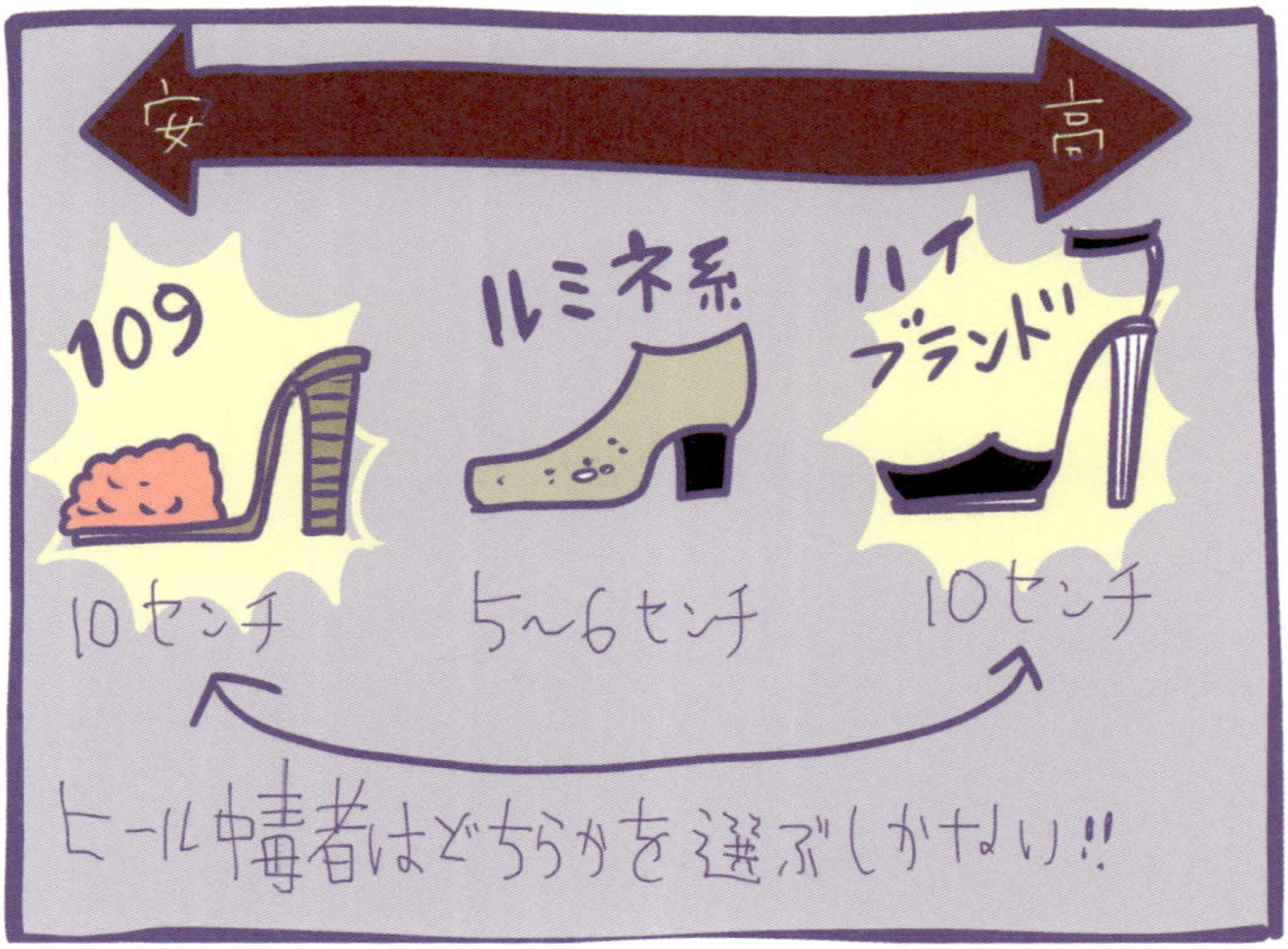
安
高
109
ルミネ系
ハイブランド
10センチ
5〜6センチ
10センチ
ヒール中毒者はどちらかを選ぶしかない!!

4

足元に咲くマルキュー愛

5〜6センチなものばっかりじゃないですか？　私の体はふくらはぎの靭帯がギシギシいうような10センチヒールを求めているのです。となるとハイブランドの10万前後の靴か、もしくは109の二択になってくるわけです。

ピンヒールと踵《かかと》の骨が一体になるような履き心地のセルジオロッシも大好きだけど、お財布的にそればかりを買ってるわけにもいきません。キャバっぽい靴を避けて選べば、109ブランドはハイブランドのデザインをパクるスピードも速いのでけっこう今っぽい形のヒールが数千円で手に入ります。

セルジオロッシの本革の靴を雨の日に履くなんて死亡案件だけど、109の靴なら確

お気に入りは
ONE SPO
Time Leap Girl
かわいすぎて着れない!
でも買っちゃう!
安いから!!

実に合皮なので雨の日でもガンガン履ける！ただちょっと恥ずかしいのは、靴を脱いだときエスペランサという衝撃的なブランドロゴが丸見えになってしまうところ。エスペランサはロゴを消してくれるサービスを加えれば、もっとアラサー以上の層に対しての売り上げが伸びるのではないだろうか？

けれども私がとにかく１０９を愛する理由は、１０９が私にとってのパワースポットだからです。

ギャルの欲望、ギャルの美学、ギャルの生命力をギャルじゃない私にも少しおすそ分けしてもらえる気がする摩天楼１０９。ちょっとモードっぽい今時のギャルもいいし、なつかしの黒ギャルファッションに身を包む絶滅

お座敷席は女子の暗黙の靴ブランドチェック会場!!
ジミーチュウ!!
エスペランサ…？

4

✤

足元に咲くマルキュー愛

危惧種のギャルもいいし、埼玉からお小遣いを握りしめてやってきた中学生ギャルもいいし、私と同世代くらいでいまだに現役ギャルをやりつづけている人が、おなじくギャル調の小学生くらいの我が子といっしょに服を選んでいる光景とか、パワー！ パワーがもらえる以外のなんと言い表せばいいでしょうか。

ギャルはいい。時代によって形は変われどギャルという存在は永遠であってほしい。

109
世界遺産に登録されるまで109にはがんばってほしい!!

F A S H I O N

5

嗚呼、憧れの華奢アクセ

日々のちょっとしたシーンで結構見られている女性の手元。
良くも悪くも、ネイルやアクセサリーのデザインひとつで
人に与える印象はガラリと変化するものです。
でも年齢に合った自分らしいものを探すのって
簡単じゃないですよね……。

懺悔します。私はこれまでデカいアクセサリーばかりを身につけてきました。同じような値段なら、ちっちゃいのよりデカいののほうが目立ってお得だからです。

ところが最近になって、お友達がつけてる華奢なアクセサリーがやたらとキラキラ目に入るようになってきました。

特に尊敬するのはアンクレットをつけてる人。あんなにヒールとかにひっかかってすぐ壊れるうえにストッキングをはくときはいちいち取り外さなきゃいけないうえ、ろくすっぽ人目につかないようなものをつけるなんて、なんて女レベルが高いんだ！　私も華奢なアクセサリーをつけてる女になりたい！

早速、私は鎌倉にある〈ｇｒａｍ〉で一個

鎌倉のgramに朝10時から
並んで整理券をもらい
18時まで待ってからさらに
2時間並ばされた私…
ホトホト
ズラ
gram
10～20代の
カップル
だらけ

5

嗚呼、憧れの華奢アクセ

千円の指輪を10個作ってもらって、10本指全部にはめました。カール・ラガーフェルドが10本指にクロムハーツの指輪をつけていてかっこいいので、真似したのです。

とはいえ、華奢なアクセサリーの失くなること失くなること。私が華奢なアクセサリーを避けていたのはこれが理由でもあるんですよ。みんなどうやって華奢なアクセサリーを失くさないように維持してるわけ？

gramの指輪はあちこちで落としてしまって10本中3本しか残っていません。私が安いアクセサリーばっかり買ってるせいで扱いが雑になってすぐ失くしてしまうのでは？と思い、えいやとばかりに4万円のShiharaのピアスを買ってみたりもしたので

すが、1週間で失くしました。

　ちなみにカール・ラガーフェルドのおうちのご近所には、たびたびクロムハーツの指輪が落ちてるんだとか。やっぱラガーフェルドも指輪失くしてるんだね！

　最近の私はさらにレベルを落として小中学生の夢のアクセサリー屋さん〈クレアーズ〉にてまさかの20ペア入りで１３００円のピアスセットを購入しました。

　羽モチーフとかクロスとかのヤバいデザインのもあるけど、シンプルなスタッズ型のやつとか全然使えるのもある！　1セット数十円かと考えると失くしてもまったくダメージはないし、まだ使えるデザインのものをどんどん失くしていった先にはいつか羽とかクロ

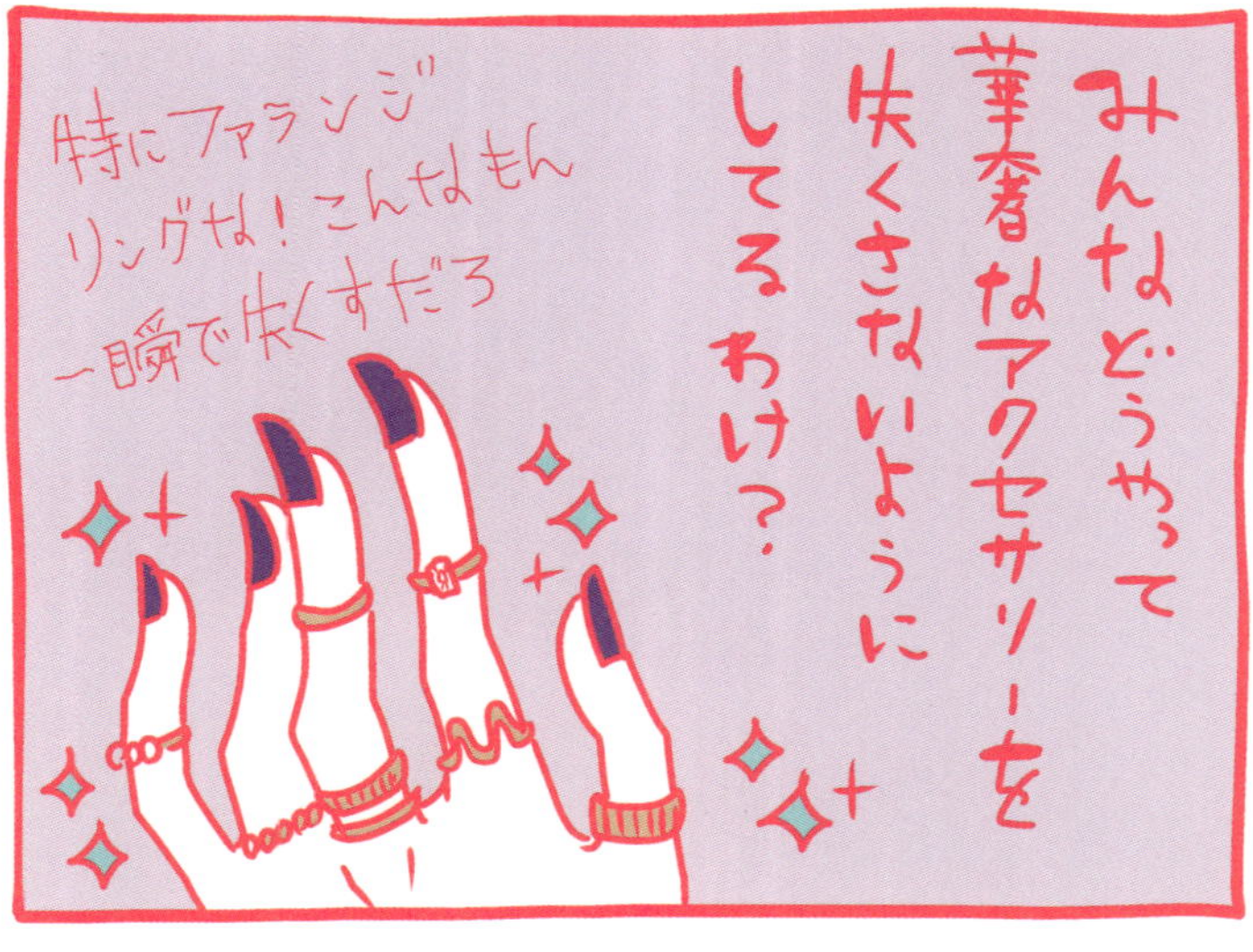
みんなどうやって
華奢なアクセサリーを
失くさないように
してる わけ？
特にファランジ
リングな！こんなもん
一瞬で失くすだろ

5

嗚呼、憧れの華奢アクセ

スをつけなきゃいけない日が来るのかと思うと、数十円だとしてもいちおう失くさないように気を使えるという素晴らしいシステム！

「だってダイヤモンドが似合うのはきっちり年をとった女の人だけなんだもの。しわがよって、骨張って、白髪で……そういう人こそダイヤモンドは似合うのよ」というのは『ティファニーで朝食を』のホリー・ゴライトリーのセリフですが、私もそんな年が来るまでは〈クレアーズ〉で済まそうと思います。

私もいつか
ダイヤモンドが
似合う… そして
失くさないよう管理
できるマダムに
なるぞ!!

F A S H I O N

6

新時代に目指そう"着物美人"

時の移り変わりと共に、
多様な変化を遂げている日本の伝統衣装「着物」。
アヴァンギャルドな着こなしは賛否両論も、
ニュージャポニズムとして世界へ発信してほしいものです!
あなたは着付け……できますか?

うっ！夏！そろそろ浴衣の季節がやってきますね。和服といえば恐ろしいのが着物警察の存在。街中で目にした和服の人に、やれ背中にシワができてるだの、やれ裾が1センチ短いだの、バブル時代に制定された「正しい和服」のルールにのっとってねちねち文句をつけてくる種類の人たちのことです。私も和服を嗜《たしな》む人間の一人として、決して着物警察側に陥ってしまうことのないよう、着物にコンバースを合わせるとか、着物の中にパーカを着用するとかいう前衛的な着こなしも笑顔で見守ろうと腹はくくっているつもりです。でも、花火大会に向かう浴衣姿の女子たちに、ここだけ！ここだけ直せば着姿がぐっと良くなるんです!! というポイントを不肖

わたくし、二点だけお伝えさせていただきたく存じます！

まず第一に、帯を折り返して裏側を見せる着方はいい加減ダサい！ということ。

あれは平成初期くらいに大量生産された千円くらいの化繊丸出し無地リバーシブルテカテカ帯を、なんとか間延びして見えないようにするために苦し紛れに編み出された無銭オシャレのひとつなのですが、最近では安くても柄物の帯が主流だし、浴衣でも帯締め（帯の中央に巻く紐）、帯揚げ（帯の上部に巻く布）などをつけて華やかにする女子が増えてきたので、そこでさらに帯を裏側に折り返す意味など皆無！平成の負の遺産なんです！

そして二点目！女の着姿は衣紋《えもん》（襟の後

化繊丸出し無地
リバーシブルテカテカ帯
なんかさみしい…
無銭オシャレ
ちょっとマシ!!

ろ側と首の間の隙間）の抜け感で決まる！

　同じ浴衣を着てるはずなのに、どうも友達のほうが色っぽく見える……なんてときは衣紋が抜けていないのです。これはちゃんと着付けをしてもらっても歩いてるうちにどんどん詰まってきちゃうものなので、トイレにいくたびにおはしょり（帯のすぐ下の着物が二重に重なってる部分）の後ろ側二点を掴んでぐいっと下に引っ張るだけで解決！ 即色気ゲット！ イェーイ！

　最後に、カップルで浴衣を着用するのが定番になってきた昨今、なぜか彼氏の浴衣姿がバカボンみたいに見える……という場合は、帯の位置が上に来すぎています。男の帯の位置は普段のベルトの位置じゃない！ 昔なつ

ここが衣紋!!
拳一個分開けるのが基本。
でも歳を重ねるほど広く開けたほうが良いとされてるので
私は1.5拳分くらい開けてまーす!!
この二点を下にひっぱる!!

彼氏のバカボン化を食い止めろ!!
バカボン…
陰茎の上!!

かし腰パンの位置！　帯の下線が陰茎の上部に当たるくらいがかっこよく見える位置なのです。

これも歩いてるうちにどんどん帯がずり上がってきちゃうものなので、定期的に手で帯の位置を下げるだけで解決します。彼氏がバカボン化していたらすかさず「帯の下線は陰茎の上!!」とアドバイスしてあげましょうね。

よく批判されてる
花魁風着こなしだけど…
花魁はこんな肩
出したりしてません!!
正しくは「るろうに剣心の
駒形由美風着こなし」だ!!

F A S H I O N

7

迷走アイウェア

鳴呼、オシャレって奥深い。
ひとつメガネやサングラスをかけるだけで
その人の印象はガラリと変化する。
あなたは、まわりの人たちをざわつかせちゃう
危険な罠にハマっていませんか？

サングラス…
さても難しい

I'M FABULOUS,
AND YOU BETTER
KNOW IT!

徹夜はできねーわ、太りやすさに磨きがかかるわ、加齢による不調はいろいろあれど、私が最もダメージを受けているのは、年々角膜が弱くなってきて真夏の日差しがマジで目にくること。

直射日光による激しい眼球痛!! これを防ぐ手立てはこの世にただひとつ。その方法とはなんとサングラスをかけることなんですけども、適当にサングラスかけてオシャレに見えるのなんて一握りのオシャ顔を持つ人間だけなわけじゃないですか。平均的なアジア人×サングラスの組み合わせは思わぬ化学反応を生み出してしまうもの。

スーツ×サングラスは大抵の人間がSPに見えてきますし、おばさん×薄紫のレンズ

7
✤
迷走アイウェア

はおばあちゃんになってしまう可能性がヤバいですし、おじさん×ミラーレンズはややもすると女体をじろじろ眺めたい変態になってしまいますし、私×サングラスをすると謎の芸能人が生まれます。なんか浮いてる。なんか人に振り返って見られる。「一般人ではないみたいだけど……でも誰……?」みたいな。「道行く一般人」の役のオーディションを受けたら確実に落ちる。わかってもらえますこの感じ!?

　ちなみに私が普通の眼鏡をかけると100%「AVに出てくる女教師みたい」と言われます。百歩譲って「女教師みたい」ならまだわかるんだけど、「AVに出てくる」ってなんなんだよ!! とは思うものの、鏡に映る自

分を見るとそこにはＡＶに出てくる女教師としか言いようのない生命体がいるわけです。

さらに言えば私がマスクをすると「花粉症かな？」とかいう安パイの推測を一足跳びで越えて「え……？　もしかしてそれファッションの一部としてつけてる？」という感じになってしまうんですよ!!　理由は分かってるんです。ジーンズ＋Ｔシャツ×サングラスとかにしてしまえば、オシャレのワンポイントとしてのサングラスに見える。「ＡＶに出てくる女教師」じゃなくて「普通に眼鏡かけてる人」に見える。花粉症でマスクしてる人に見えることは？

けど私が普段着ているドレッシーな服×実用小物が混ぜるな危険！　謎の芸能人が、

ファッションとしてつけてると思われるマスク…
あの…それオシャレだと思ってる？

7

迷走アイウェア

これならオッケー
だってことは分かっているんだけど…　しかし…!!
Tシャツ
ジーンズ

結果裸眼
目玉がいてぇ……
ooo
ジリ
ジリ…

I'M FABULOUS,
AND YOU BETTER
KNOW IT!

AVに出てくる女教師が、ファッションの一部としてマスクをつけてる人が生まれてしまう！ かといって夏場中ずっとジーンズ＋Tシャツでいるなんてイヤ!! でも謎の芸能人視されるのもイヤッ!! なので私は真夏の直射日光の下、眼球をズキズキ言わせながら今日も裸眼にドレッシーな服装で街へ繰り出すのです。

もう
オシャレに
サングラスをコーデ！
とかじゃなくていい
んだ…ただ普通に
サングラスをかけ
させてくれ…

F A S H I O N

8

ビキニ界の二軍には なりたくない

何を着ようがあるいは着まいが、
輝いていた20代の夏は遠い記憶。大人になった私たちが、
ビーチで煌めくギャルたちと渡り合う手段とは？
戦わずして勝つ方法を教えて! アラサー世代の水着入門。

三愛水着楽園
ここしか
選択肢が
なかった
時代…

夏だ！ 海だ！ ビキニだ！ ビキニといえば三愛水着楽園！

もちろんブラジャーと同じ形のワイヤー入りの胸ががっつり盛れるやつで、デザインは男ウケのいい下着っぽいやつで、あー、ナンパされたい！ リップスライムみたいな男の子集団にナンパされたい！ それを片端から断って、女友達と「ナンパうざーい」とかっつって文句をたれたい!!

これが二十歳《はたち》の海、二十歳の水着です。懐かしいですね。

翻《ひるがえ》ってアラサー世代の水着となると、これが驚くほどに「ビキニイェーイ!!」というテンションではないんですよ。だって江ノ島のギャルたちのビキニとアラサーのビキニを比

ギャルのビキニと
比べられたくない
中に着けてるヌーブラがはみ出していようとも湘南で一番輝いてるのは君達だよ!!

8

ビキニ界の二軍にはなりたくない

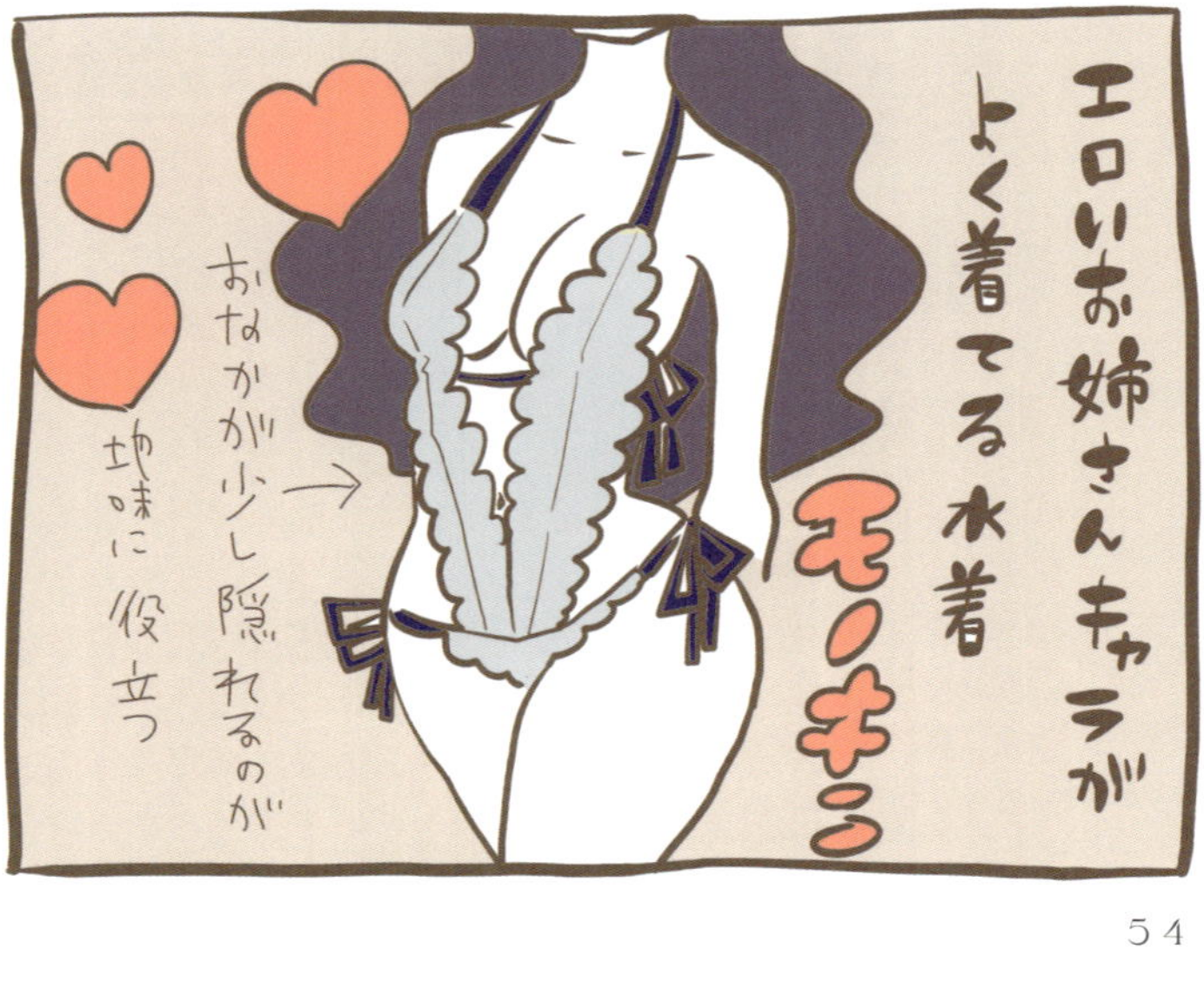

べられたくないんだもん。「若すぎる子はちょっと怖いからアラサーくらいにしておこう……」というおじさんに妥協でナンパされるなんて悪夢です。私はビキニ界の二軍にはなりたくない‼

そこで男ウケのいい、いかにもなビキニで勝負するのはやめて別の方向性でいきましょう。というわけで私は、ビキニの上下がつながっている形のモノキニを着ています。少年漫画の水着の回でエロいお姉さんキャラの女子がよく着ているタイプの水着ですね。実質ビキニよりも露出度は低いはずなのに、不思議とビキニよりも溢れるエロ感！　この水着が正解なのか不正解なのかはちょっと謎なんですけど、少なくともビキニのギャルたちと

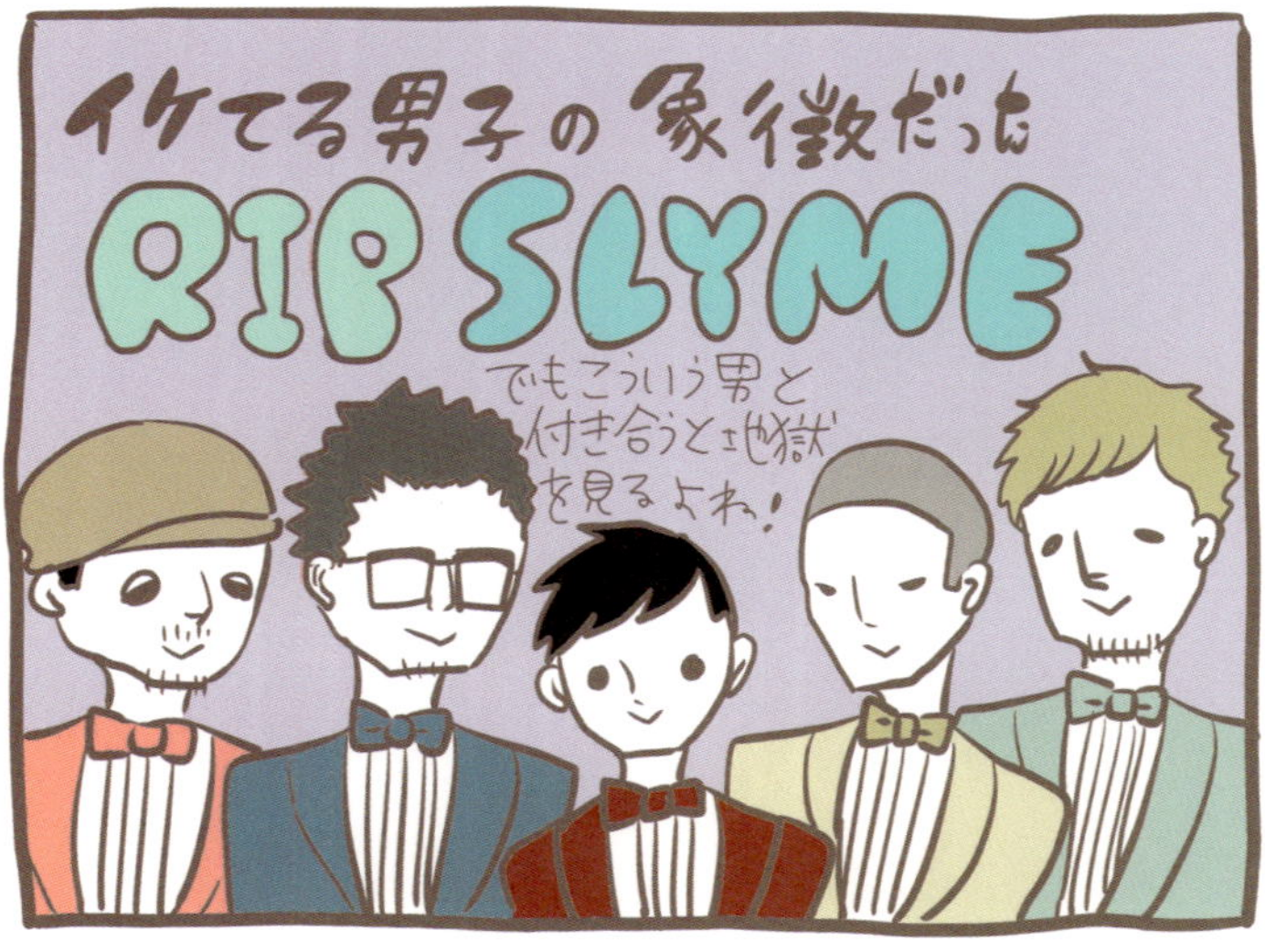

は違うステージにいるアピールは立派にこなせていると思っています。

ちなみに、アラフォーになると海外のビーチでしか水着になる気が起きないそう。確かに海外のビーチのどんな年齢の人が何を着ていても許される感はすごい。私もアラフォーになったら、海外ビキニ再デビューをするぞ～！

I'M FABULOUS,
AND YOU BETTER
KNOW IT!

昔の
映画とかで
よく見かける
お花のスイムキャップは
現実世界で着用できる
気がしないぶん
永遠の憧れ!!

FASHION

9

謎の海外通販

ショッピング百戦錬磨の猛者なんて、
なかなか存在しないはず!
数えきれない失敗を繰り返してこそ、
ファッションセンスは磨かれていくのだ。
この終わりのないギャンブルをも心から楽しむのが、
アラサーちゃん究極の技?

インスタではお洋服とかアクセサリーなんかの海外通販サイトの広告をよく見かけますよね。私の場合はどこに着ていくんだかわからないオートクチュール感あるドレス、それも2〜3千円のやつがよく出てきます。これを「謎の海外通販」と呼んでいます。

実際謎がいっぱいなんですよ。だってこんな値段でそんな服が作れるわけがなくない？ つまり載ってる写真とは絶対別物の謎商品が届くことは自明なわけじゃないですか。そんな怪しすぎるサイトでどこのどいつが買い物をするっつーのか？ それは私です。私のような女が「でも万に一つの可能性で……写真と寸分違《たが》わぬデザインの服が届くかもしれない……」とかアホ丸出しで夜な夜なカー

仕事に疲れたとき…
酔ったとき…
一人の金曜夜…
ポチポチ…
カード番号・期限セキュリティコードは暗記している

ド番号を通販サイトに打ち込んでいるのです。そこから1ヵ月ほど経って自分でも注文したことを忘れた頃、郵便受けに詰め込まれている不穏な小包を発見することになります。

たしか私がポチったのはボリューミーなフリルが全面についたマキシ丈ドレスだったはずなのに、件《くだん》の小包がどう見ても靴下ワンセット分くらいしか収まらないだろというサイズにまで圧縮されている時点でもう悪寒が止まりません。実際に開封してみて最も多いパターンは、試着してみる気力すらわかない、雑巾にする価値もない布キレ。即ゴミ箱にダンクです。

稀に「これはもしやイケるかも……!?」という希望の見える布キレが届くこともあるの

で、その場合は早速試着してみて即「やっぱダメじゃん」となってゴミ箱にダンクです。

そしてこれが最も優良パターンなのですが、極々稀に、試着をしてみたうえで「コーデ次第ではもしかしたらイケるかも……!?」という幻想を見せてくれる布キレもありますので、その場合はしっかりしたアウターを着てアクセをジャラ付けして写真を撮って、生地の安さがバレないようにフィルターかけまくったものをインスタに投稿したのちゴミ箱にダンクですね。

こうして私は通販購入→ゴミ箱にダンクという作業を月1くらいで繰り返しておりまして、みなさん何かの病気だと思いました？ 違うんです。私は3千円で一ヶ月わくわくする権

写真
現物
シワシワ→
百均の布製品のような縫製…→
布が安すぎて歩くとシャカシャカいう→

9

謎の海外通販

最高峰で
フィルターかけまくり
写真でなんとか
ごまかせるレベル
お外に着て
いけるクオリティの
ものにはいまだ
出会った
ことがない
ごちゃ…

月3千円で
ワクワク感と
ゴミを購入!!
パチンコより恋愛より
ずっとエンタテインメント!!

利を購入しているだけなんです。成人女性が3千円ぽっちで1ヵ月わくわくできるんですよ？　だから到着即ゴミ箱ダンクで想定通りのプラマイゼロのお買い物で、たまにインスタ用の写真が一枚撮れたりしたら大当たりのジャックポット。

　こんなに楽しいギャンブルが、他に存在しているでしょうか？

謎の海外通販は
同じデザインのものを
10倍の値段にして
マトモな素材と
縫製で作ってくれよ!!
買うからさぁ!!

BEAUTY

Part2

キレイの追求

顔に一点のシミやキズを見つける、
髪がパサつく、服がちょっとキツイ……。
ほかの人がまったく気づかなくても
気になって仕方がないのが、美容。

肌がキレイな人にお手入れを聞いて
「何もしていないの〜」の答えに騙されてはダメ。
30過ぎたら、みんな取り組んでる!

美肌、メイク、美髪、ダイエット、
溢れる情報から、何を試す?

B E A U T Y

10

✤

鏡よ鏡、仲良くなれたら生涯の友

自然光もしくは輝く照明、そして角度。
絶妙なバランスで成り立つ魔法の鏡を前にした女性は、
無敵の美人になれるのだ。では、普通の鏡に出合ったときの
衝撃たるや…。想像できるでしょうか？

私は肌がきれいなんですよ。なぜなら会う人会う人に「肌きれいだね」「どんなケアしてるの?」って聞かれるし、そのたびに私が特に何もしてないと表明すると「えー!? なのになんでそんなきれいなの!?」とさらなる賞賛を浴びていい気分になれるからです。

なので私が前著で肌ケアは乾燥対策にオリーブオイルを塗るくらいしかしてないと表明したときには「えー!? なのになんでそんなきれいなの!?」という例のやつをアホほど浴びられると思っていたのですが、返ってきた反応は「……峰さんそれで大丈夫?」「心配なんだけど」といったものでした。

おかしい。何かが。そう思って改めてまじまじと鏡を見てみると、そこに映っていたの

10

鏡よ鏡、仲良くなれたら生涯の友

は毛穴！ ニキビ！ 稗粒腫《はいりゅうしゅ》！ に侵された死の荒野だったのです。考えてみれば最近「肌きれいだね」なんて言われてませんでした。最近っつーかここ10年くらい言われてませんでした。調子こいててほんとすいませんっしたとしか言いようがありません。

ではなぜ私がこんな壮大な勘違いをしたままでいられたかというと、それは私がうちの鏡とすごく仲がいいからなのです。そう、鏡には環境と関係性があって環境からいうと、うちの鏡は最高の状態にあります。3方面からいい感じの自然光が入り、白壁にその光が反射して、ありていに言えばプリクラのコーナー内のような照明感なのです。

さらに長年この鏡を使っているせいで、お

化粧の方法や表情の作り方、顔の角度がこの鏡で見える最高にかわいい私に調整されてきてしまっているのです。この状況を私は「鏡と仲良くなる」と表現しています。そんな最高にかわいい私と対面しているときに、毛穴やら鼻の下の産毛なんて見逃してしまって当たり前じゃないですか。

鏡との仲の良さはコーディネートをチェックするときにも発揮されるもので、うちの全身鏡で見るとなかなかおしゃれなんじゃないかと思っていたコーデを、外出先のショーウィンドウに映った姿でチラ見すると急にトンチキな格好に見えたりするものです。

うちの鏡と同様に、私はテレビ局のメイクルームにある女優鏡を愛してますし、近所の

10

鏡よ鏡、仲良くなれたら生涯の友

I'M FABULOUS,
AND YOU BETTER
KNOW IT!

上島珈琲店のトイレの鏡を愛しています。大嫌いなのは試着室内に備え付けられた鏡。試着直後のボサボサの頭に、真上からの照明、近距離から見る遠近感のせいでより顔がでかくより脚の短くなった己の体形！ 私が試着室の鏡と仲良くできる日は永遠に来ないでしょう。

鏡よ鏡…
この世で一番
美しいのは
誰？
ファン・ビンビン
です!!

BEAUTY

11

ギャンブル、ホスト、基礎化粧品の闇

「病は気から」というけれど、美容も気からといえるのではないか? 美容を「おまじない」と定義し、信じるか信じないかはあなた次第! と断言していた筆者変化の兆し。美容に興味が湧いてきて…。

前著で、基礎化粧品は乾燥対策のオリーブオイルだけにしているよ！と書いたら、友人から編集さんから、いろんな人に怒られたり蔑まれたりしたので私もいよいよ反省しまして、最近はちふれの化粧水（560円）とニベアクリームを塗るようになったし、美容にいいと聞いたのでヤクルト（80円）を1日1本飲むようにしています。

さて、私の美容法がなぜこれだけ貧乏くさく小学生レベルなのかというと、美容にハマることを極端に恐れているからです。私の中でハマったらヤバい、無尽蔵に金を使ってしまうであろう3大NG事項が、ギャンブル、ホスト、基礎化粧品ですからね。気を引き締めていかなくてはなりません。

ルルルンのパック便利!!

でもこういうパックって特にカバーしたい部分(目のキワ&小鼻)は丸出しになるのが気になるよね!!

顔が長いのでパックの上下が足りない…

ココね!

ココね!

プチ整形
韓流コスメ
美顔器
これが美容右翼だ!!
小顔♡美白♡命!! レーザーも脂肪溶解注射もなんでもやるよ
常に炭水化物は食べない→
豊胸してる、もしくはしたい →
アラフォーからはジム通いを始める→
極右農薬ダイエット
農薬を少量ずつ飲むダイエット! 確かにやせそうだけども……
絶対にマネしないでね!!
脚はガリガリで丁度いい!

でも、ちふれ＆ニベア生活を続けてたらなんとなく前より毛穴が縮んだような気がしたので、調子こいて早速ルルルンのパック（42枚入り1500円）とビタミンC誘導体（2178円）を買ってしまったのですが、この短期間でもうすでに徐々に値段が上がってきていて怖い!!

さらに美容界には、美容右翼と美容左翼なる2大勢力が存在しているのも恐ろしいところ。簡単に言えば美容右翼とは、美白サプリに美容点滴にプチ整形もどんと来いな、科学の力を信奉する派閥のこと。

対して美容左翼とは、まず美しくなるには体内から、オーガニック大好きスピリチュアル寄り自然派美容主義のこと。ニベア以上に美容にお金をかけようとすると、女は右か左かのどちらかに寄ってしまうことを、なかなか避けては通れません。

元々の私は若干右寄りの人間なので、これにハマり始めるとずるずるとさらに右へ流れていき、エステのローンを組み、美顔器のローンを組み、韓国整形旅行を繰り返した結果、その反動で次は一気に左寄りにかたむいたりするもので、無農薬でベランダ栽培したケールを使ってスムージーを作り、布ナプキン着用で朝ヨガをする左翼な自分が目に浮かぶようです。

このように、極右だった人がいきなり極左に振り切れたりすることもあるのが実際の右翼左翼と同じで怖いところ。ちなみに、極右

11

✤

ギャンブル、ホスト、基礎化粧品の闇

の美容法で今最もアツいのは、とある農薬を毎日寝る前に適量飲むという一歩間違えば即死ぬ、間違わなくても死に近づいていくダイエット。極左で一番アツいのは、膣内にパワーストーンを挿入したまま生活するというジェムリンガです！

右にせよ左にせよ、寄りすぎると怖いのでこれからも中道から踏み外さないように、せいぜいニベアどまりで生きていくぞ！
ところであなたは右翼かな？左翼かな？

美容を
極めると
見せたくなるよね！
ということで露出狂の
女バージョンを描いてみました。
衿を立てないのが
変質者っぽく見せる
コツだよ！

B E A U T Y

12

小顔美容矯正を知っている側の私

ボディーワーカー森拓郎さんが主宰するサロン
「ルポルテ」で、小顔美容矯正を初体験！
骨格矯正とオイルマッサージの施術で矯正されたのは
顔だけではなく、なんだか心も真っすぐに…。

そもそもみんな顔の大きさばっかり気にしすぎなんですよ。

女子が並んで写真を撮れば誰が顔小さいだのデカいだの公開処刑だのいちいちうるせえな。別に小さければ美人ってわけでもないし、ある程度の顔の大きさがあるからこその方向性の美人もいるわけじゃないですか。海外では「顔小さいね」というのは別に褒め言葉にならないそうですよ。それからSNSに小顔矯正行きました〜☆って写真載せてる芸能人な！ お前らのもともと齧歯類《げっし》みたいに小さい顔があと1ミリ小さくなったところで世界の何が変わるんだよ。バカじゃねえの。と自分に言い聞かせ幾星霜《いくせいそう》。

ここら辺で少し立ち止まって己の心の声に

12

小顔美容矯正を知っている側の私

耳をすませてみると、「えーん！　顔小さくなりたいよ〜！　別に私、顔の大きさがあるからこその方向性の美人とかじゃねえし、顔小さい人うらやましいよ〜！　ピエ〜！」というものでした。

　そこでやってきたのが小顔矯正サロン〈ルポルテ〉。プロデューサーの森さん（小顔イケメン）も、「テレビとかでやってる一回で1〜2センチ縮んだとかは嘘。実際は1〜2ミリしか変わらない」ときっぱり。ということはつまり1〜2ミリは確実に変わってくれるのだ！

　そして20分9300円の結構痛い施術を受けた結果、なんか顎の肉がスッキリした（気がする）し、目がパッチリした（気がする）し、

しかし私の本音
顔小さくなりたいよ〜〜
でもこんなデカい顔の女が
「小顔矯正(笑)」とか
思われるの
恥ずかしいよ〜〜
でもちょっとでも小さく
なる希望があるなら
やってみたいよ〜〜
ピエ〜〜

憎い頬骨が若干凹《へこ》んでくれた（気がする）!!

とはいえ、私のもともと鈍器のようにデカい顔が1ミリ小さくなったところで世界の何が変わるんだと言われれば「まあそうっスね」としか返せませんが、そんなこと言ったらそもそも体重が1・5キロ減ったとか、今日はアイラインがうまく引けたとか、いわんや顔が1ミリ小さくなっただとかそういう女子の細かいもろもろに男子は100パー気づかないんですよ。

でも、「だから今日の私はなんかいい感じ」という女子から出るオーラ！ そのハッピーでピンクなオーラにヤツらはものすごく敏感に反応するのです。

別に顔自体は大してかわいいわけじゃない

酸素オイルコース
20分
9300円
ぎゅ〜〜っ
けっこう痛いぜ!!
ここらへんのむくみをとる&骨格矯正

12

小顔美容矯正を知っている側の私

のになんかモテてるし確かにかわいく見えるというあの子は、お風呂上がりにボディマッサージをして冬でも真面目にペディキュア塗って一日1杯のエゴマ油を飲んで、「だから今日の私はなんかいい感じ」のオーラを幾層も身にまとっているんです。そして施術を終えた後の顔が1ミリ小さくなった私はかつてない「だから今日の私はなんかいい感じ」のオーラに包まれていました。それは大人の財力によって得られた20分9300円の施術が根拠でもいいし、乙女のまめまめしさによって集められたバラの朝露で作ったお化粧水が根拠でもいいのです。

小顔
矯正で
矯正されるのは
顔だけではない!!
なんだか私は背筋が
シャンとして心が
洗われましたよ。
がんばるぞ!

BEAUTY

13

美の追求は万物共通!?

メンズコスメ市場が盛り上がる今、
毎日せっせと鏡に向かう男子たち。
ボーダレスな時代の到来で、
男性の身だしなみにも変化が起こっている様子。
彼らの背中を見つめる女子のホンネって?

パックをしたりスクラブしたり、女子が美のために努力している姿はあんなにキュートなのに、これを男がやるとなると途端にクソキモになるのはなぜなのか⁉ 男のネイル？キモッ！ ムダ毛処理する男？ キモッ！ なんならコンディショナーを使ってる男すらキモい！ 男なら全身を牛乳石鹸で洗え‼ とかって思ってない？

私は思ってる‼ でもいい加減こんなことを思ってちゃいけないんですよ。だって男だってアラサーに足つっこんだら、もともとの造形が整ってる人だったとしても何もしないでその美しさを維持するのは至難の業《わざ》になってくるもの。かっこいい妙齢男性には相応のお手入れが必須なのです。

13

美の追求は万物共通⁉

しかし女が「男の美容キモ〜☆」と蔑むことで男美容のハードルが上がりに上がり、結果としてなんの手入れもされてないブス中年男性が蔓延する現実がこの先も続くことに。だからそろそろ私たちは男の美容をキモいなんて思っちゃいけないんです！

でもさあ、男で眉毛整えてるヤツってなんであんな変な形にするわけ？　香水つけてる男ってなんでみんなしてつけすぎるの？　とも思っちゃうんですよ‼　でも女だって学生時代とかに眉毛が変な形の時期を通って今があるのだから、男子はそれが遅れて来てるだけで、そのうち男も自分の眉毛が変な形なことに気づいて正す日が来るはずだから、だから私たちは男の変な形の眉毛をバカにしては

いけないんです!!

例えば処理が中途半端でジョリジョリした乳首毛を目にすると私は思います。

「百歩譲って男が美容に励むのはいい。ただその努力の痕跡を見せないでほしい。乳首毛なんて元々生えてませんというくらい完璧な処理をしていてくれるのなら可。でも中途半端にジョリった処理するくらいならなんの手入れもしてないほうがマシ!!」

でもそれってすっごく酷なこと言ってるんですよね。誰だって最初から完璧になんてできるわけがないんですよ。中途半端な処理から試行錯誤して、いつしか完璧な乳首毛の処理を目指すことができる。だから私たちは発展途上の男子美容を「キモ〜☆」とか言わず

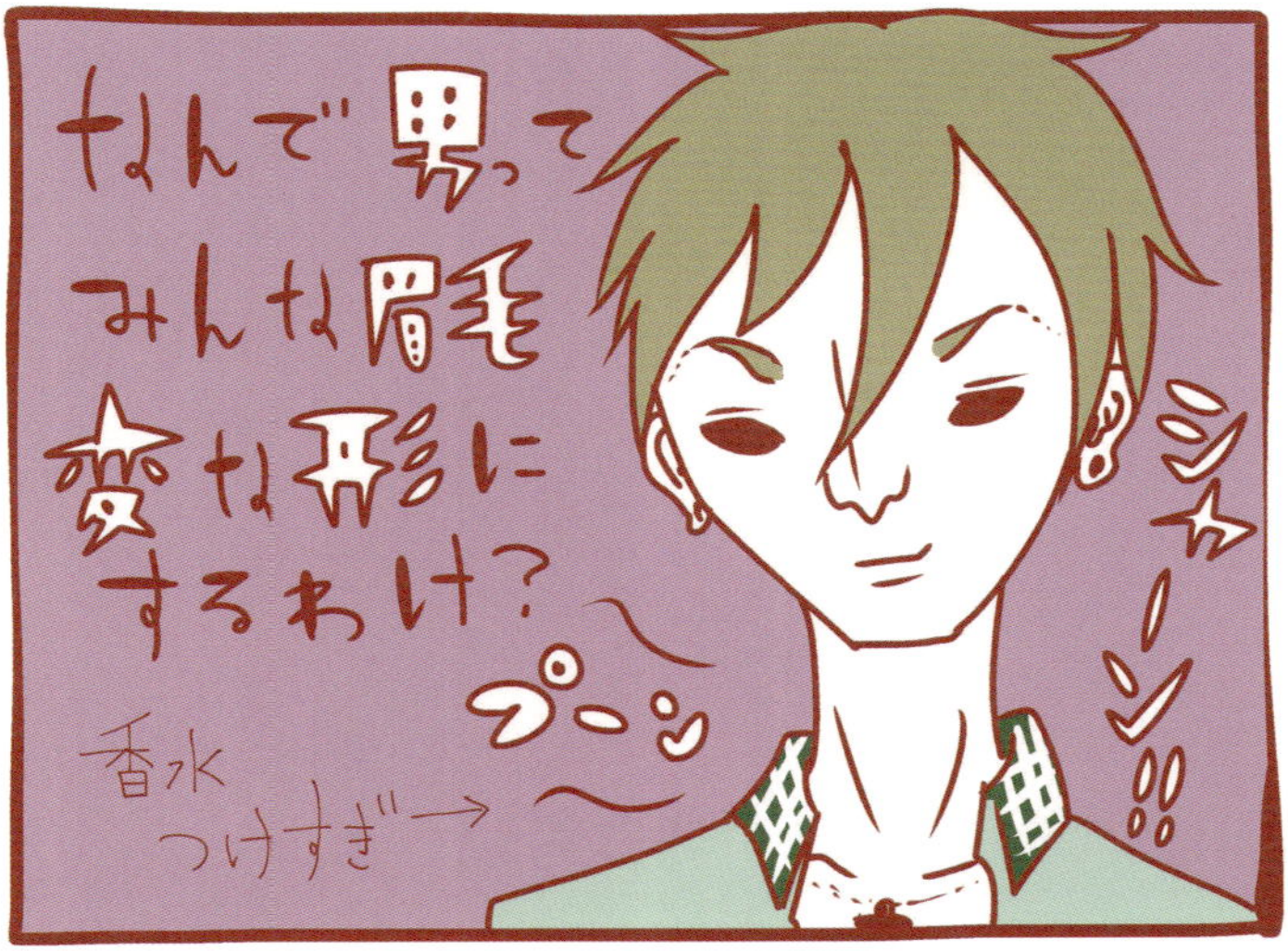
なんで男ってみんな眉毛変な形にするわけ?〜
シャーン!!
プーン〜
香水つけすぎ→

13

美の追求は万物共通!?

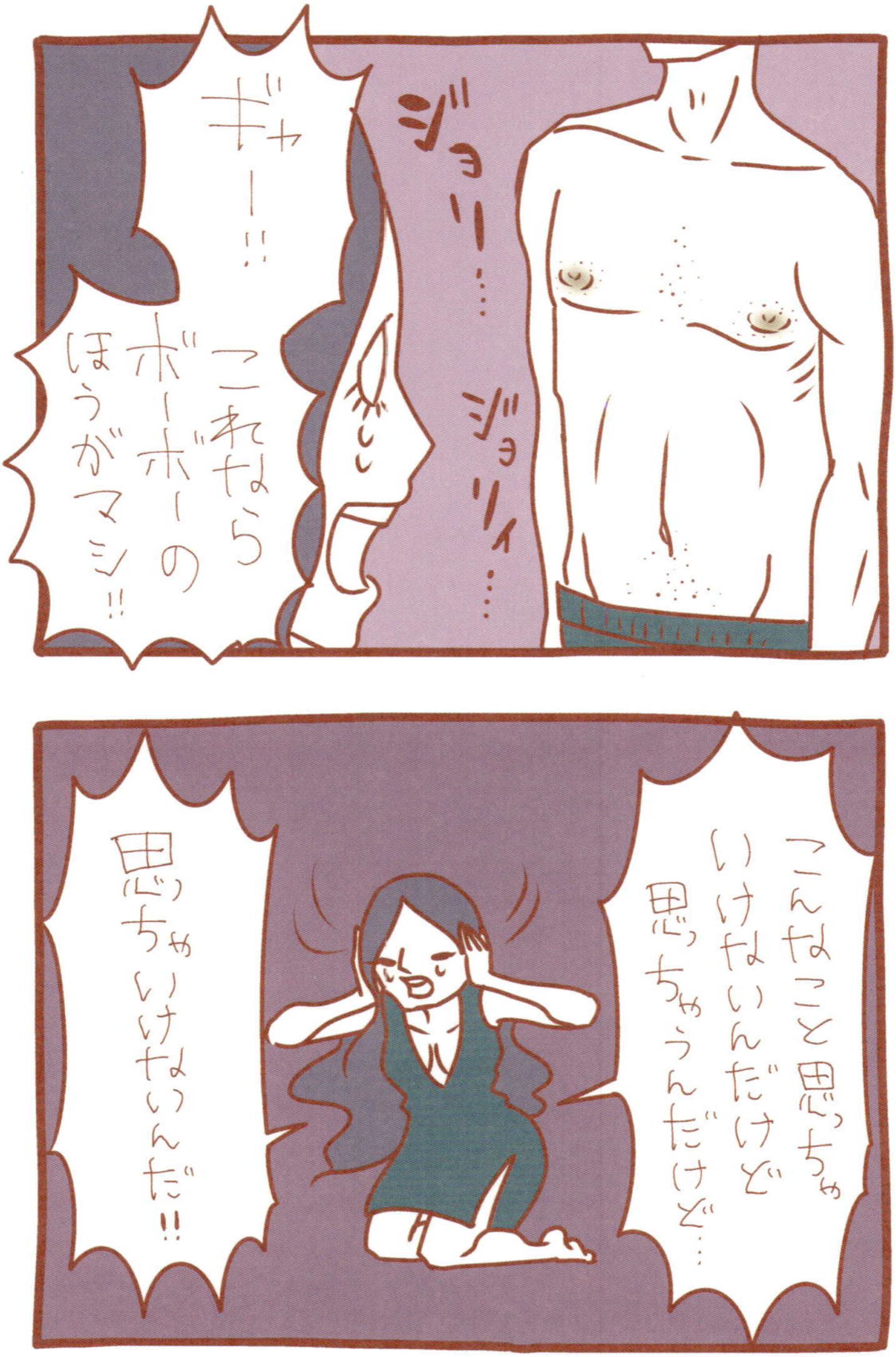

に長い目で見守らなくてはいけないんですよ!! それが日本の男子のビジュアルの底上げに最も大切なことなのです。

陰毛の永久脱毛をする男キモッ!! 毛穴パックをする男キモッ!! とか思っちゃいけない！ 思っちゃいけないんだけど思っちゃうんだけど思っちゃいけないんだ！

私の大好きな
バニーボーイ!!
カンペキに美しく
あってくれれば
文句はないんだ
文句は…

BEAUTY 14

ヘアアレンジの正解って何？

どうにも抜け出すことができない、忙しい毎日。
ちょっとおしゃれをするのにもパワーがいるものです。
朝起きたら、髪が自然とツヤツヤで、清潔感があって、
ハリがあって、美しいカールができてたらいいのにな……。

できる限り美容院に行きたくない！！！という一心で10年以上黒髪ロングを続けている私ですが、歳とともにどうしても髪はパサついてくるもので、たまに見かける腰まである黒髪ロングストレートの40代以上女性が放つ独特の禍々《まがまが》しいオーラを感じては自分もあなってはいけない、いや、すでに片足つっこんでいるのでは⁉と危機感を募らせている今日この頃。とりあえず超めんどくさいけど、がんばって髪を巻くようにしてパサつきをごまかしてはいるのですが、この作戦がもつのもいつまでなのか……。なので美しい40代女性はヘアアレンジをしてまとめ髪にしている人が多いですよね。

ところが、このヘアアレンジっつーやつが

14

✤

ヘアアレンジの正解って何？

地獄の一丁目。たまには殊勝に美容雑誌のヘアアレンジ特集とか見て、夜会巻きとかは絶対無理だしまずは簡単そうなポニーテールから挑戦しようとしたりするじゃないですか。そうすると第一の手順として「①全体的に髪を軽く巻く」とか書いてあるんですよ⁉ いやサクッと言いますけど全体的に髪を軽く巻くのってけっこうめんどくない⁉ 全体的に髪を軽く巻いたらそれで完成でよくない⁉ ここからせっかく巻いた髪をまとめちゃうなんてこと私にはできない‼

編み込みなんて技術は一生涯習得できる気がしないし、ヘアアレンジ特集に頻出するロールブラシとかUピンとかいうアイテムの存在も意味不明です。

そんな障害を乗り越えなんとか髪をまとめたとしても、ヘアアレンジ指南の最後の工程として必ず出てくる、髪をまとめたあとにこなれ感を出すために毛束をチョイチョイと出すアレ！

あれを茶髪の今時女子がやるとラフな感じでかわいいのはわかるんだけど、黒髪アラサーがやると疲れた主婦の後れ毛になってしまうんですよ!!

それにしてもなんで私がこんなにヘアアレンジ難民なのかと元をたどって考えてみれば、小中学生時代に校則の範囲内でできるオシャレとしてイケてる女子たちが四つ編みだ貧乏パーマだとがんばっている最中、スクールカースト底辺の私がいきなりヘアアレンジ

14

ヘアアレンジの正解って何？

なんして教室に現れたら「アイツなに調子こいてんの？ ウケる〜」となる恐怖でワックスひとつつけられず、ザンバラ髪を貫き通したからなのです。

マリー・
アントワネットの時代
(頭に船を乗せたり
小麦粉をぶっかけたりする)
に生まれなくて
本当に良かった!!

スクールカースト高位の人間と低位の人間との間の圧倒的なヘアアレンジ経験値格差!! これがアラサーになった今になってボディブローのように効いてくるわけですね。スクールカーストの呪いは永遠に続く!!

BEAUTY

15

デブへの敗北とカブツ愛

憧れボディを目指す過程に起こり得るあれこれのハプニング。
ダイエットという飽くなき挑戦に必要なのは、
七転び八起きスピリットなのかもしれない。
しかし簡単ではないこの精神…。
カブツ愛を断ち切ることができるのか？

最近、アゴ下に脂肪溶解注射なるものを打ちました。昔からある程度以上太ると二重アゴになる体質でして、二重アゴになった時をダイエット開始の便利なサインとしていました。ところが最近は一向に二重アゴが消えてくれません。何をやっても全然デブが直らないのです。常時二重アゴ状態に危機感を抱いた私はとうとう脂肪溶解注射に手を出してしまいました。つまり脂肪溶解注射は私のデブへの敗北なのです。もうこれは本気でダイエットに取り組まなくてはヤバい。

そこで同じ美容整形外科でゼニカルという薬も処方してもらうことに。これは摂取した油の3割がそのまま排出されるというダイエット薬で、ありていに言えば肛門から油が

15

デブへの敗北とカブツ愛

垂れ流し状態になるという恐ろしい薬です。1～2日目はそうでもなかったのですが、ゼニカル3日目からは油がピューピュー出るようになり、もう常に生理用ナプキンの装着は必須。でも普通のダイエット薬って効いてるんだか効いてないんだかよくわかんないですけど、ゼニカルは体に吸収されなかったぶんの油が目に見えてわかるので得られるこの充実感！

さらに私はゼニカルと糖質制限を組み合わせれば最強なのではと思いつきました。みんながやってる糖質制限だけど、どうしても脂質の量が多くなるのを気にして手を出してなかったのですが、ゼニカルさえあれば問題なし！　今まで節制していた肉！　バター！　マヨ

ネーズ！を、カロリーを気にせず食べられるのが嬉しいところ。

糖質制限を始めてから排出される油の量は目に見えて増加してほくほく。とはいえ家族から「カブツ」とあだ名をつけられるほど炭水化物を愛する私にとって糖質を制限される生活は地獄なうえ、しかもこんなケツから常に油をにじませているアブラムシ状態でデートなんてもちろんできません。

しかしどんなに辛くとも最低1ヵ月は続けて様子をみようと決意していたものの、なんと！　2週間も経たないうちに、みるみる体重が4キロ増えました！　そう、さらにデブが加速したのです。でもちょっと考えてみれば毎日大量に排出される油のうち、7割は確

15

デブへの敗北とカブツ愛

実に吸収してるのは自明なわけですよ。稀に見る阿呆とは私のことです。体重は人生初めての大台60キロオーバー。お米もチョコもセックスも我慢して太るとか、この2週間はなんだったんだ。

今の私の唯一の生きる希望は、脂肪溶解注射のおかげでなんとなくスッキリしたフェイスラインだけ。私とデブとの戦いは続く！

プラスサイズ
モデルとか流行ってる
けどさー、あんなもん
胸と尻中心に肉が
ついてなぜか顔だけ
太らない神に選ばれし
体型じゃね？一般人の
私は絶対にやせる！
やせるぞ!!

B E A U T Y

16

暗闇で挑む、未知なる領域

夏を目前にやっぱり諦められないダイエット。
ここまできたら運動が苦手なんて言ってられないかも…。
そんなときは苦手ジャンルに一歩踏み出すチャンスと捉え、
新しい戦法を試してみては？

痩せるためならなんだってします！　運動以外！　というくらい運動が苦手です。小学生のとき、大縄跳び大会の前日に「おまえがいると負けるんだから明日はぜってー休めよな!!」とクラス一丸となって詰め寄られたことがトラウマになっています。

というわけで歩行以外のあらゆるスポーツを避けて生きてきた私ですが、しかしあまりにもデブが直らないので、もうこうなったらそろそろ運動ってやつをしてみるしかないのではと決意を固めました。

どうせ運動しなきゃいけないんなら、とことん私の苦手そうなのにしてやろうとヤケになって選んだのが〈フィールサイクル〉！

今回取材したフィールサイクルは、「レ

レディガガが20kgやせたダイエット!!
なんというパワーワード!!
でも確かに一時期
けっこう太ってたよね……

16

暗闇で挑む、未知なる領域

ディ・ガガが20キロ痩せた」というサイクリングエクササイズを元に、スタジオ内をクラブ風にアレンジして、ノリノリの音楽に合わせてエアロバイクを漕ぐというもの。

ちなみに私は運動神経の悪い子供にありがちなことにスクールカーストが低く、スクールカーストが低かった人間にありがちなことにクラブとかフェスとかのウェイな場所への異常なまでの恐怖心を抱く病も併発しておりますので、フィールサイクルはまさに私の2大苦手科目を兼ね備えたラスボス的存在です。

早速ウェアに着替えてスタジオ内に入ってみると、ミラーボール！ ブラックライト！ ストロボライト！ の中でビヨンセが大音量

で鳴り響く異空間。

45分の1レッスンで驚異の800キロカロリー消費ということもあって、インストラクターさんたちはどんどん痩せてしまうのでコンビニ弁当2個食いがデフォルトなのだとか。

その先生も「ザッツ、ゥライトゥ!!」「ケイモォーン!!」と、音楽に合わせてめっちゃ発音のいい掛け声で盛り上げてくれます。

帰国子女とかなのかな？　と思ってあとで聞いてみたら、「英語は全然喋れないんだけどよく使う単語だけがんばって発音を練習した」とのこと。努力家！

レッスン生たちもだんだん「フゥー！」「イェーイ!!」とパリピ特有の奇声を発して、

盛り上がりは最高潮。

六本木店は他の店舗に比べて男性比率が高いらしく、ヒルズ族との出会いも期待できちゃうかも☆

そんな中、一人無言で自転車のペダルを回す私の気分はアレでした。よく奴隷とか捕虜たちが輪になって丸太をぐるぐる回させられるアレ。アレの気分でした。これってなんのために回してるの？　いつまで回し続ければいいの？　私の存在って何なのか？　という禅の思想を学びましたね。運動やクラブが好きな人は行ってみるといいかも！

私は二度と行かないけどね！

店員さんによると
「最初は恥ずかしがって
たんでもだんだん声出して
いくようになりますよ」
とのこと。もし私に
「フゥー!!」とか言う日が
来るとしたら肉体改造
の前に人格改造に
なってしまうのでは…

B E A U T Y

17

ダイエット紆余曲折物語

これまで幾度となく失敗してきたダイエット…
そのお悩みを解決する答えは、
誰もが一度は目にしたことがあるであろう、
あのカラフルな箱にギュッと詰め込まれている様子。
結果はいかに？

おめでとうございます！

ありがとうございます！

結論からいうと、私は2ヵ月で8キロのダイエットに成功しました。毎日の体重測定、カロリー計算、鏡の前で全身チェック、喫煙、断酒、ご飯を食べるときはティースプーンとティーフォーク（一口の分量が少なくなるので）、お腹が減って眠れないときは睡眠導入剤。

　でもこんなことはもう20歳のときからずーっと当たり前のようにやってるんです。常にゆるくダイエットしてきたので、この生活に慣れきってしまってこれだけでは全然痩せない私の体。幼い頃から少しずつ毒を摂取し続け、いつしかすべての毒薬が効かない体になってしまった殺し屋一族の息子のようです。

17

ダイエット紆余曲折物語

生半可なダイエットじゃ効かない。かといって運動をするのは絶対にイヤだ。となるとあとはもうカロリー摂取量を極端に抑えるしか道はありません。

そこで打ち立てた目標は鬼の1日1000キロカロリー。そして私が手に取ったのがマイクロダイエットです。

そうそう、あの女性誌の後ろのほうに昔からよく広告載ってる怪しいヤツ。あんなもん効くの～？　と思っていたのですが、体脂肪率11％の女友達に「これは最強！」と聞いたその場でポチりましたよね。

マイクロダイエット（ココア味）はお水と混ぜると174kcal、400mlのふつうにおいしいココア風飲み物ができます。

ココア400㎖飲んでお腹がいっぱいにならないわけがない。もうお腹が減りすぎて今すぐラーメンライスかトンカツ定食を食べないと死んじゃうよ！というテンションのときでも、マイクロダイエットを飲んどけばとりあえずお腹が落ち着いてくれる。

私のチェックした中での底値は14食入り8400円。つまり一杯あたり600円。お洋服に関してだけは金銭感覚がぶち壊れているので10万円するような服をぽいぽい買ってしまうのですが、それ以外に関しては10円単位で金を惜しむ私にとって、家で飲む飲み物一杯600円は歯茎から血が滲むような出費。でも600円も出してるんだから最悪5時間はこれでもたせるぞ！という貧乏

17

ダイエット紆余曲折物語

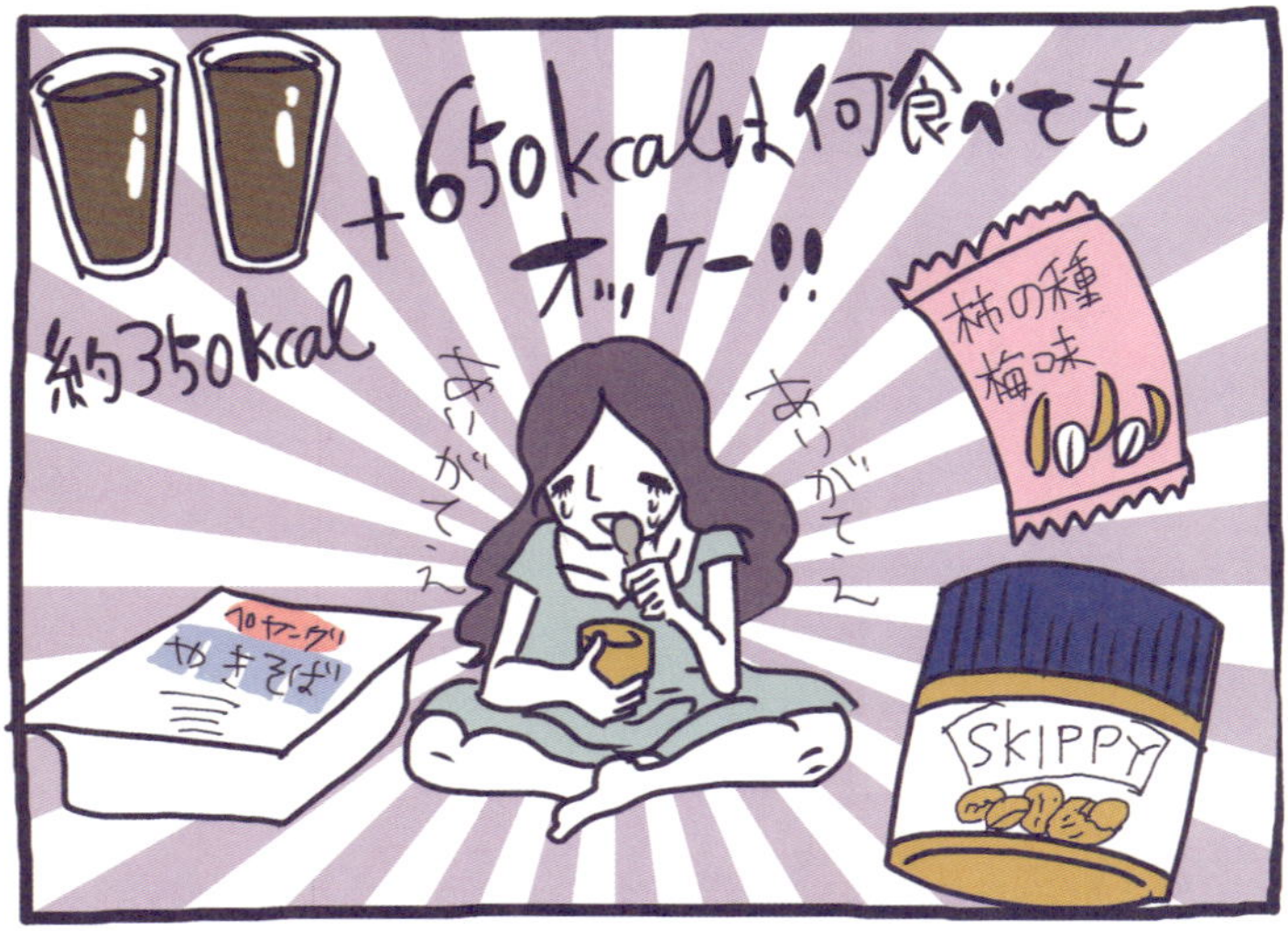

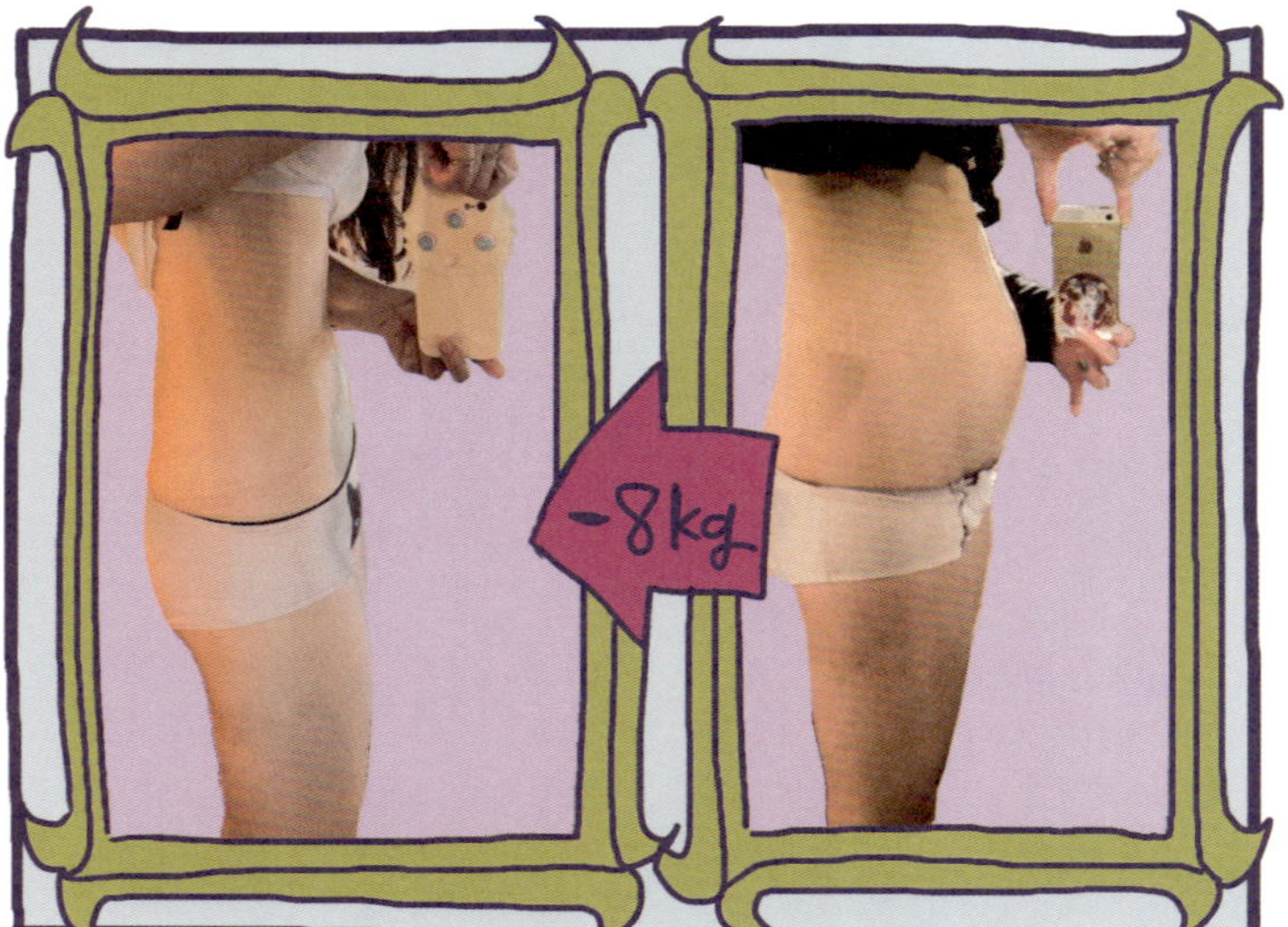

根性がモチベーションにもつながります。さらにマイクロダイエットはたんぱく質とか食物繊維とかの栄養素が十分に入っているので、一日2食、約350kcal分をマイクロダイエットに置き換えて、残りの650kcal分はピーナッツバターだけを延々舐めるとかの好き放題最悪な食生活を送っても大丈夫！

実際、特に肌荒れとかもなく私のバーバパパのようだった腹は無事正常な人間のお腹になってくれました。私もこう言わざるを得ません。マイクロダイエットは最強！

めでたく
目標体重は
達成したので
ここからは
リバウンドしないように
しつつ禁煙するという
新たな修羅の道が
始まるぞ！

BEAUTY

18

早く人間になりたい!?

姿勢美人を目指せば、
第一印象が数倍よくなるというのは周知。
ゆがみを整えて心も体も美バランスになるのだ。
憧れの体型を求めて、そう、
目指すはゴリラ感からの卒業！

いつもの姿勢で鏡の前に立って、そこから肩甲骨をくっつけるようにして肩を引いてみてください。普通は肩先が2センチくらい動くだけなのですが、私の場合は10センチ以上の大移動をします。そして肩を引いた姿の自分を見るとあら不思議！　なんだかいつもより華奢な人に見えるのです！

子供の頃からの私のコンプレックス、普段私が醸し出していたゴリラ感は、肩が異常に前に出ているのが原因だということが34年目にして発見されました。

この忌むべき前肩を改善するべく訪れたのは、猫背改善専門スタジオ〈きゃっとばっく〉。

まずは機械で四方から姿勢を計測してみたところ、そもそも私の骨盤が前に傾いている

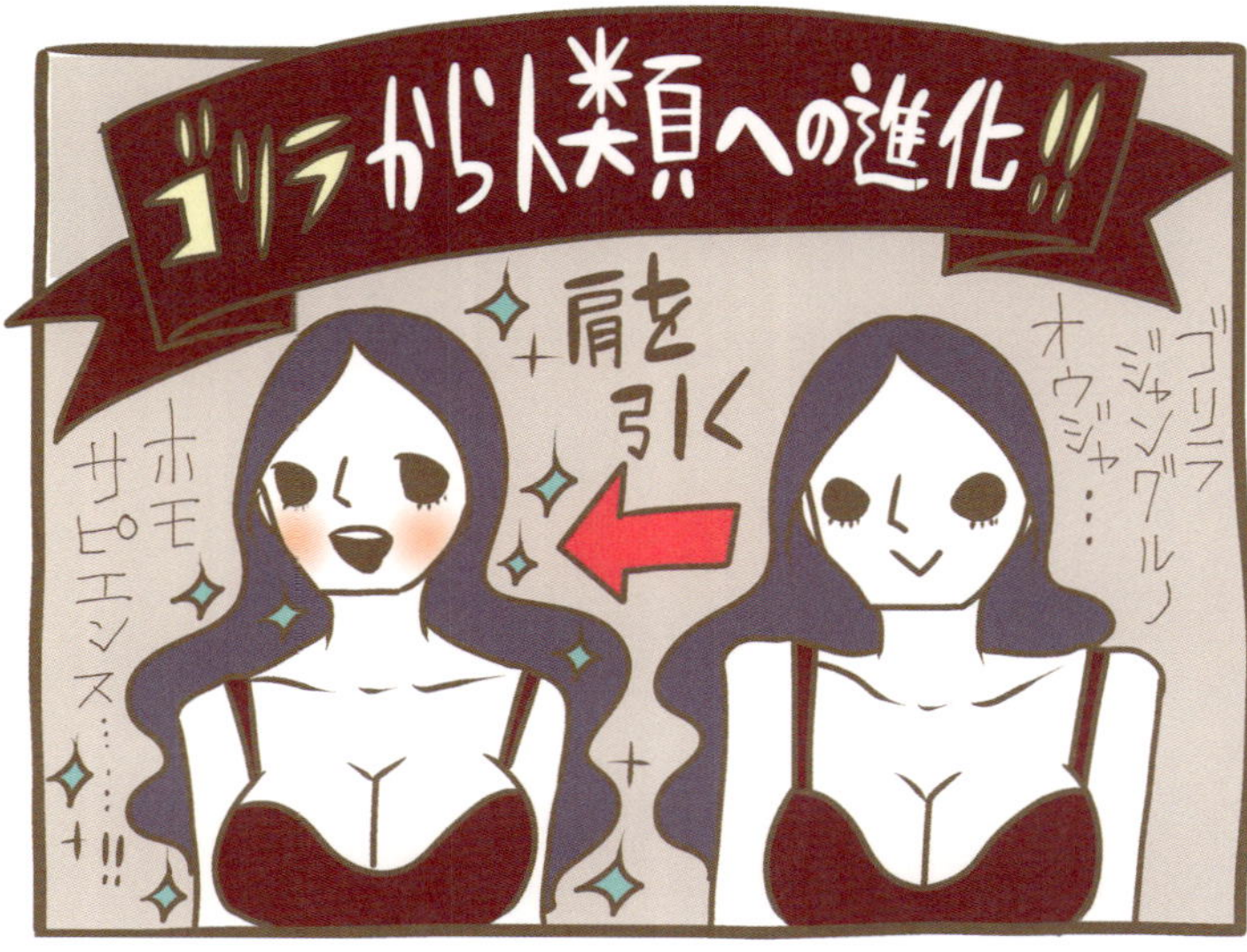

18

✤

早く人間になりたい!?

せいで上半身が後ろ側に倒れていて、それのバランスをとるために肩と頭が前に出てゴリラになってるとのことでした。

トレーナーさんが「峰さんの姿勢はこんな感じです」と見せてくれた立ち姿は栃木のヤンキーのよう。え……？　私マジこんな姿勢だったの……？　と眩暈《めまい》を覚えるも、現代人の99%はこのタイプの姿勢になっているとのこと。

さてここで、踵と背中と頭を壁につけて立ってみてください。そのとき壁とウエストの間に手のひら1枚分の隙間が空くのが正しい姿勢です。

私は手のひら4枚分の隙間。ガバガバです。正しい姿勢で立ってみると、これがものすご

く腹筋を使う。みんな日々こんな腹筋使って生活してんの……？　むしろ私はどれだけ腹筋ゆるゆるで生きているんだ……？

　その諸悪の根源である反《そ》り腰を改善するためのストレッチをすることになり、まずは四つん這いになったのですが、そのときも私のお尻が上を向きウエストがくっと下がっていることを指摘されました。

　今までグラビア現場などで散々カメラマンに「もっと腰入れて！　そう！　それ！　エロい！」と言われ続けてきた職業病がこんなところにまで。恐ろしいですね。

　ストレッチ後もまた壁の前に立ってみたところ、なんと20分ほどのストレッチだけでウエストの隙間は手のひら2枚分まで減少！

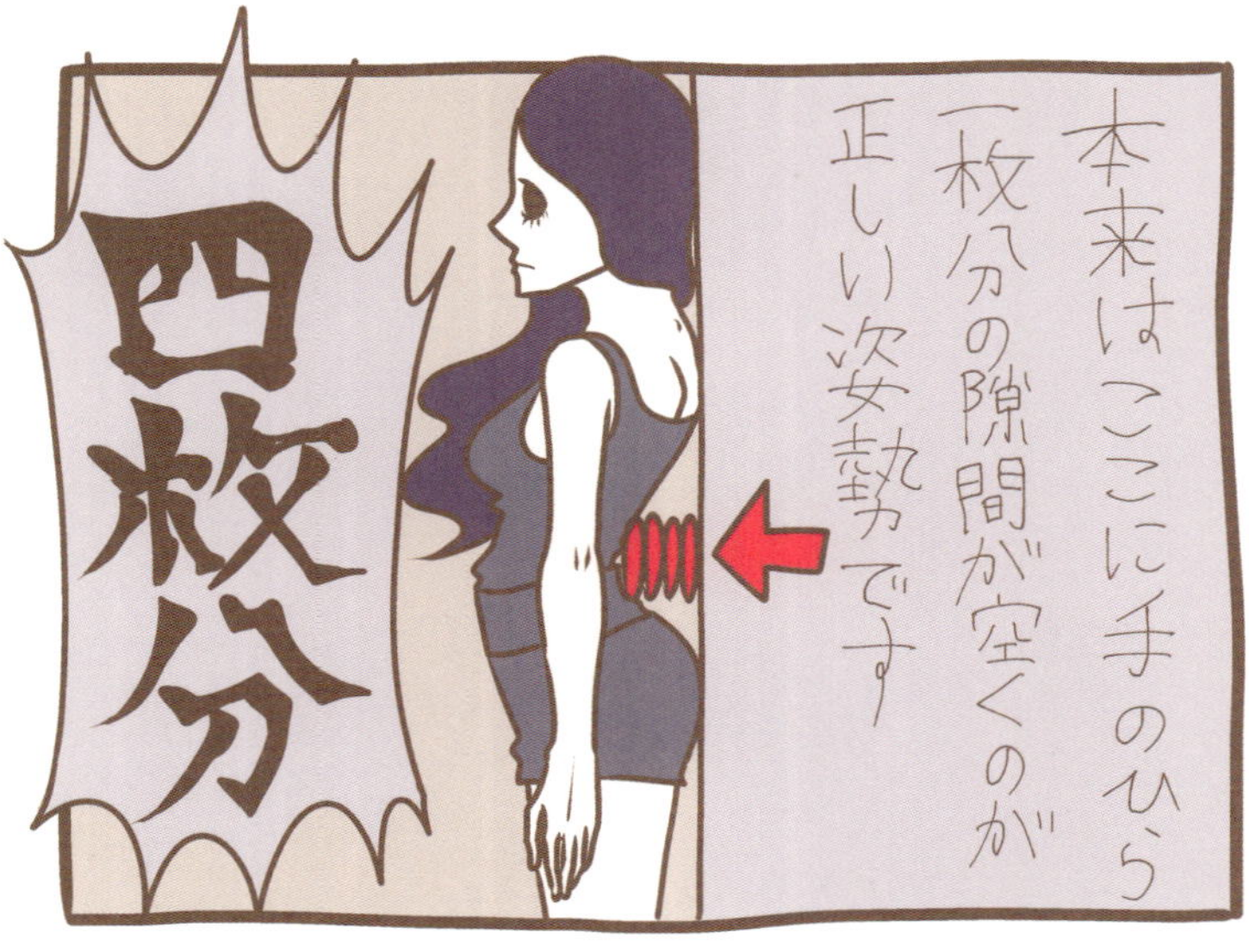

18

早く人間になりたい⁉

なんだか腰も楽だし、肩の力も抜けて自然に肩が後ろに下がっている感じ。ゴリラ感は骨盤からですね。なぜ骨盤がこうも前に傾いてしまうのか聞いたところ、「脳みそをあまり使ってないから」と言われました。辛辣すぎて二の句が継げないね！　とはいえ寝室で四つん這いの体勢をとるときは絶対に腰を入れたほうが殿方大満足なので、それ以外の時間だけ骨盤の角度に気をつけて生活していきたいと思います。

肩幅が
ゴリラな自覚は
ありましたが
まさか原因が
脳がゴリラなこと
だとは予想していま
せんでした。早く人間に
なりたい!!!

B E A U T Y

19

目くるめく巨乳願望

そうなんです……。
曲線美あるグラマーなボディは、女性の憧れです。
でも巨乳でも貧乳でも、どちらにせよ
メリット&デメリットはあるんです。
なってみないとわからない互いの苦悩。
モヤモヤしたら叫ぼう、羨ましい!

巨乳のデメリット
誤
サイズ合うブラがないしぃ
男の人にジロジロ見られるしぃ
正
乳輪がデカいと思われること
そして実際わりとデカりところが辛いです

「胸が大きいのって大変なんだからね！サイズの合うブラが売られてないし〜、男の人にジロジロ見られるし！」とか言ってくる巨乳にはイラつくのですが、それと同じくらい「どうすればおっぱい大きくなるんですか⁉」と言ってくる貧乳にもイラつきます。

二十歳すぎて自力で胸をデカくするのなんて無理に決まってるじゃないですか。頭悪いこと言ってんじゃねえよ。

しかし信じられないことにその貧乳の低脳発言に対して「やっぱキャベツだよ！」とか「私は唐揚げ食いまくってた」とかっつってさらなる低脳回答をする巨乳が出現したりもするんですけど、え……こいつらマジで言ってるの……？　それらのやりとりをぜんぶ茶

19

目眩く巨乳願望

どうすればおっぱい大きくなるんですか？
イヤ俺はむしろそれくらいのほうが…
ウザい

どうすればおっぱい大きくなるんですか!?
本気ッッ
ヤバい

番だと承知の上でですね、狙ってる男がいる飲み会なんかでですよ、でかい声で「えー！やっぱ胸には鶏肉なんだ！じゃあこの唐揚げ全部私がとーっぴ☆」とかっつって、意中の彼に「いや俺はおまえくらいのサイズのほうがむしろ好きだけど……？（照）」と言われるの待ちのためだとしたら百歩譲って「ウザいな……」程度の感想で済むんですけど、怪談じみてくるのは私と貧乳の二人きりの場ですら「どうすればおっぱい大きくなるんですか!?」と本気の目で聞かれる機会がたびたびあることで、ネットでよく見る「二週間でAカップからDカップに！もう夫に『飽きた』なんて言わせない!!」とかいう怪しいサプリの広告をクリックするのはこういう女なのかよ……。こいつが男に生まれてたら「19歳のGカップ女子大生です。私の処女をもらってくれた人に5千万円さしあげます」とかいうメールに返信してたタイプじゃん……やべえ……と、今後のお付き合いについて考えてしまいますね。

まあ多くの巨乳が乳房縮小手術をしてない時点で巨乳のデメリットっつってもたいしたものではないんだろうし、多くの貧乳が豊胸手術をしてない時点で貧乳のコンプレックスっつってもたいしたもんではないんでしょうけど、貧乳にも巨乳にも共通する一番の希望は、サイズ的に巨乳が着るとダサく見えるオシャレ服を着るときと、巨乳好きな男とデートに行く日とで胸の大きさを自在に変え

19

✤

目眩く巨乳願望

実際豊胸してる人のことは
尊敬している
3百万円
かけたんやから
谷間出さな
損や!!
ガッツリ
元とってく
でぇ!!

胸のサイズを自在に
変えるためにはキャベツと
唐揚げが効く!!
ガンも治るかも!?

られることですね。

はあ、日によって胸のサイズを自在に変えたい。どうすれば日によって胸のサイズを自在に変えることができるようになるんですか!?

そのためにはですね、なんとキャベツと唐揚げを食べるといいんですよ!

こんなはずでは
なかった巨乳事件簿
によく載る二大危険
アイテムはブラトップと
キャミドレスです

LIFESTYLE

Part3

日々のあれこれ

「オシャレ」は、ファッションや
ビューティだけじゃない。
ライフスタイルだって「オシャレ」って思われたい!

毎日使うもの、目にするものだって気になることばかり。
誰かへのプレゼントやSNSにアップする自撮り画像も!?

そう、センスを問われることって
毎日の生活には、限りなくあるんです。

頑張りすぎず、ほどほどに
「オシャレな人」への道はまだまだ続きます。

L I F E S T Y L E

20

誰のための“ピンク”か考えてほしい！

種類はとっても豊富なのに、欲しい生理用ナプキンがない。
機能への不満か、はたまたデザインによるものなのか、
なぜだろう？ と思考を巡らせると
“あの現象”と結びついて…。

「ダサピンク現象」という言葉があります。少し前にツイッター上で、〝世の中の女性向けと銘打たれた商品がなぜか総じてダサいピンク色になってしまう〟という悪夢を発端にした論争が巻き起こりました。

代表的なものはというと、女性向けのスマホ、家電、アプリなど。考えてみれば確かにピンクばかりです。

提唱者の方によると、『「ダサピンク現象」とは、決して「ピンク＝ダサい」という意味ではなくて、「女性ってピンクが好きなんでしょ？」「女性ってかわいいのが好きなんでしょ？」「女性って恋愛要素入ってるのが好きなんでしょ？」という認識で作られたものの出来が残念な結果になることを言います』

とのこと。

つまりダサピンク現象が起こるのは、なにもピンク色の製品に限った話ではないのです。とりあえず恋愛要素を入れてみただけの映画とか、原価安そうな不味いゼリーがデザートについているレディースランチセットとか、「ハイハイ女子といえばコレでしょ」っていう適当な企画会議が透けて見える、女子をナメた企画はダサピンク現象に含まれてきます。

となると、ダサピンクが最もはびこる製品が、生理用品。外装こそピンクばかりではないとはいえ、ダサピンク現象に欠かせない3大ダサ柄である、変な花柄、レース柄、キラキラ柄がひとつは、もしくは全盛りで入って

ダサピンクがあればイケピンクもある!!
かっこいいめのオールピンクコーデは一度やってみたい

きます。けれど生理用品がニーズを理解してないのはやはり見た目だけの問題ではないんですよね。

例えばナプキンの個包装。あれって使用済みのナプキンを包んで捨てるものってことになってるじゃないですか。なのに、使用済みナプキンを包んで捨てるためのビニールが薄いパステルカラーなせいで、なんと経血が透けて見える！ 意味ねえ！

そもそもナプキンの個包装のビニールって、サイズ的に普通に包んでも上下から中身がむき出しになっちゃうじゃないですか。あれ何？ バカなのか？ 結局上からさらにトイレットペーパーで巻いたのちに捨てることになるんだけど、資源の無駄だし臭いも漏れる

20

誰のための"ピンク"か考えて欲しい！

し意味ないし。

このように、生理用品って全部が全部「生理用品ってこういうものでしょ」って思考停止していて、実際のとこ女子が求めているものは反映されていないのです。怖いのは、消費者側もそのダサピンクに慣れきってしまって、文句をつけるような発想もなくなっちゃっていること。

ダサピンクを駆逐するために、私は一生文句を言い続けていくぞ!

みんなも
身の回りの
ダサピンク
案件を
探して
みてね!

L I F E S T Y L E

21

贈り物マスターへの獣道

意外と探さねばならぬ機会が多く、
センスの問われるプレゼント選び。
気が利いていて、おしゃれで、よろこばれる贈り物って
この世に存在するのだろうか。
女子から女子へのギフトは特に失敗したくないもの！
アラサーちゃんのオススメとは？

贈り物は自己紹介、とはよく言ったものです。何を選択するかで一生の友ができるか、センスないダサいヤツだとみなされるかみたいな。こわ〜い。

そして何を隠そう、私はプレゼントのセンスが絶望的に悪い。今までで最も嫌がられたプレゼントは当時の彼氏の誕生日に渡した、私の写真入りハート形ロケットペンダントです。いまどきロケットペンダントなんてどこにも売ってなくて、東京中を探しまくって竹下通りでやっと見つけたというのに試着すら拒まれるという悪夢。そこで極力自分からプレゼントを贈らないという選択肢を取っているのですが、それでもプレゼントを贈られる機会は避けられません。

21
贈り物マスターへの獣道

男子からはもちろん、職業的に編集さんやファンの人からなど、やたらプレゼントをもらう。いつの間にかプレゼントをもらう側のスペシャリストと化した私は「あげる目線」でなく「もらう目線」でプレゼントを評価できるようになりました。「あげる目線」だと、思い出に残りそうな素敵なもの……☆と、ついキバってしまうのですが、「もらう目線」だととりあえずいらないもの以外ならありがたい、って感じなんですよね。

ちなみに私がこれはいらないと思っているナンバーワンはボディクリーム。もう初期にもらったやつ絶対腐ってるだろってくらいいっぱいある。ボディクリームって、夏場は乾燥しないから塗る気にならないし、冬場のお風

呂上がりは寒すぎて秒速でパジャマを着込んでしまうので塗ってる余裕がないんですよ。

美容グッズは対女子のプレゼントの王道とはいえ、だからこそ、もらい慣れてる分チョイスが難しい。そこで私なりに「あげたい！」じゃなくて「もらいたい！」プレゼントを紹介しようと思います。

千円台のおすすめはJ・R・Watkinsのオールパーパスクリーナー。美容グッズの話しといて、いきなりお掃除グッズが出てきましたけど、だってお肌の肥えた女子に千円台の美容品あげるなんて失礼じゃん⁉

続いて3千円台で私がもらってうれしいのはデパコスのリップクリーム。パッと見「口紅かよ〜。色みの好みあるから使えないんだ

21

贈り物マスターへの獣道

よな〜」という低テンションからの、蓋を開けてみたらリップクリームで超うれしい♡という落差を含めてのプレゼント。

1万円台の贈り物をもらうならSK-IIのフェイシャルトリートメントマスク（6枚入り）一択!! ド定番の強さ！ 自分では絶対に買わない価格帯、だからこそうれしい。SK-IIのマスクをもらって喜ばないヤツなんて想像がつかない!! 今後もプレゼントをもらう側としての人生を極めていくぞ！

「プレゼントはわたし♡」ってヤツやったことあるけどマジで評判悪いから絶対やめようね！

L I F E S T Y L E

22

救世主は一家にひとつのあのスプレー？

常に女子の頭を悩ませるメンズへのギフト。
正解の見えない難問に挑戦し続ける私たちに新たな光が……。
百戦錬磨のつわもの、ライフスタイルアイテムに
そのヒントを頂こう！

前回は女子向けのプレゼントがテーマでしたので、今回は男性に向けての贈り物について考えていきたいと思います。

男へのプレゼントの基本は、相手の得意ジャンルを贈るのは絶対NG！ 自分の得意ジャンルを贈ること。男へのプレゼントといえばネクタイや靴下が無難とされてるけど、メンズファッションに関しては当たり前に男のほうが得意分野なので、オシャレにまったく興味がない男以外にあげるのは厳しい。

消えものの代表、アルコール類は飲めない人もいるし、スイーツは苦手な人もいるので私は除外してます。

そこでおすすめしたい千円台のプレゼントは、女子の得意ジャンルである衛生用品、ファ

22

救世主は一家にひとつのあのスプレー？

◯リーズのオシャレ版!!

なぜなら男はファ◯リーズが大好きだからです。焼き肉食べても枕からおっさんの臭いがしてもファ◯リーズさえかけときゃオールオッケーの聖水として、日々プシュプシュ愛用されています。なので男子の部屋にはあの緑のグラデーションのダサいパッケージが必ず置かれているわけですね。

中でも選ぶべきはテラクオーレのファブリックミスト、ムスクの香り。男性にも受け入れられるデザインと香り。中身がなくなったらファ◯リーズを詰めて使えますしね。

次に3千円台のプレゼントは女子の得意ジャンルその2の美容グッズ、洗顔フォームです。

女子は各々こだわりがあるので洗顔フォームを贈るなんて考えられませんけど、男はどうせみんなコンビニで数百円で売ってるような安いのを使ってるので、ちょっと高めの洗顔フォームは特別感が出る！ 洗顔フォームを使っていないような美容偏差値30の男でももらったら使うのはやぶさかではない、男の美容グッズの基本中の基本が洗顔フォームだ！ ＴＨＲＥＥがメンズラインも出してるので、そこのジェントリングフォームがおすすめです。

最後に、彼氏に向けて数万円台のプレゼントをしたいときのおすすめがストールです。いやさっきメンズファッションアイテムは絶対ＮＧっつってたじゃん、と思われるかも

男は数百円の洗顔フォームを使う!!
これさえ使っときゃオッケー!!
THREEのジェントリングフォーム
THREE
一軒目酒場

22

救世主は一家にひとつのあのスプレー？

ストールは所詮
ただの四角い布!!
最悪彼氏が気に入らなかった
場合でも自分で使えるぞ!!

良いプレゼントを贈る女には
良いプレゼントが与えられる!!

しれませんが、ストールは所詮ただの四角い布。メンズもレディースも違いがありません。なので女子の得意ジャンル、レディースブランドの中から使い勝手のいいストールを選ぶことができるわけです。

実際おしゃれな男子は「ストールはレディースを買う」という人が多いですしね。良いプレゼントを贈る女は良いプレゼントを与えられる。これを合言葉に今後も血眼で男へのプレゼントを模索していきましょう！

プレゼントは
大正解を
ねらおうとしない！
「はずれない」
を選べ!!

L I F E S T Y L E

23

恥じらいが招く、女の靴の汚さよ

大好きなのに、瀕死の状態にまで追い込んでしまった靴たち。
傷だらけ、汚れだらけのマイシューズを救ってもらうべく、
シューリペア工房〈THE GARAGE〉
オーナーの柴谷雅一さんに相談!

女の靴というのは恥部なんですよ。自分でもまじまじとチェックしたくなんてないし、だって多分絶対綺麗なもんでもないし、だからこそ余計に直視したくなくって、ますますケアを怠ってしまう……。だからそんな恥部を白昼堂々初対面の男性の前に差し出すなんて気分はもう「電気消して……」と言い出す処女ですよ。

というわけで編集さんと一緒にそれぞれの汚い靴を持って靴修理屋さん、中目黒の〈ザ・ガレージ〉へやってきたものの、自分の靴を出すのが嫌すぎてわざわざジャンケンをして見せる順番を決める始末。

まず負けた私が取り出したのは全体的に黒い傷や汚れの入ったドルチェ＆ガッバーナ

23

恥じらいが招く、女の靴の汚さよ

の白いエナメルシューズ。それをレザリアンという液体で拭いていく店長さん。するとみるみる汚れが落ちるじゃないですか。なんだよこんなに簡単だったのかよ〜！

あと、靴の中にベタベタした黒いやつつくじゃないですか。あれはもしかしてと思ってたんですけど、やはり垢だそうです。その垢もレザリアンで拭けばするっと取れてくれました。中にも外にも使えるレザリアン最強！ハンズとかで５００円くらいで売ってるそうなので、早速買うことを決意。

そして編集さんが取り出したのは、底の革がズベズベに擦り切れたルブタンのフラットシューズ。私と同レベルで汚い靴を出してくれてちょっと安心する私。これは裏張りで簡

私の恥部
その1
キズ・汚れ
で…電気消して……
アカ
外部＋内部のクリーニング
¥1000
もじ…

単に解決できるそう。特に女物の靴は底の革が薄いので、買ったら即裏張りしたほうがいいらしいのですけど、「でも最初の数回くらいはやっぱそのまま履きたいですよねー」と店長さん。

だよねー。せっかくルブタン買ったのに、しょっぱなから微妙に赤の色合いが違うゴムを貼るなんて絶対イヤ！

最後に私が出したのは、ステラマッカートニーのエナメルパンプス。足の小指の骨の当たるところから中も外も薄くなってきちゃって穴があきそうな状態に。私そのときまで知らなかったんですけど、ステラって動物愛護の観点から全部合皮なんですね。ずっと本革だと思って履いていたよ！さすがにこれは

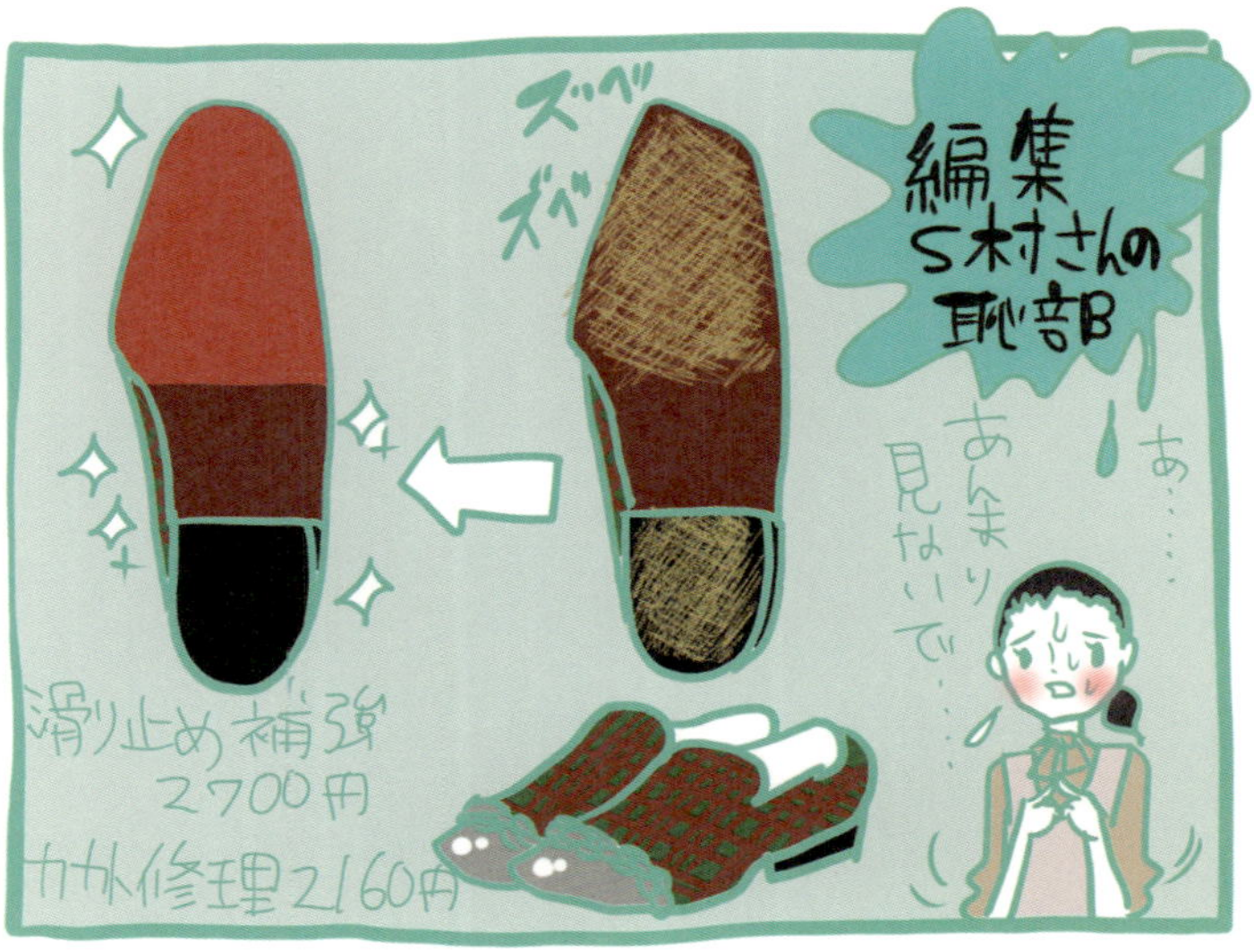
編集S村さんの恥部
ズベ
ズベ
あ……
あんまり見ないで……
滑り止め補強
2700円
カカト修理2160円

23

恥じらいが招く、女の靴の汚さよ

お直しできないとのこと。「もうちょっとマメにチェックしてもらって早めに持ってきてもらえれば……」と言われたものの、だからそれができないんだよ。靴は恥部だから！自分の恥部を毎日チェックするなんて苦行に耐えられないから！と詰め寄りそうになったものの、しかしその時の私には、初めての舞台を終えた新人ストリッパーのような清々しい達成感がありました。もう足の垢まで掃除してもらったら、自分の恥部をなんら恥じ入ることなんてありません。

今後はちゃんと自分の靴たちをマメにチェックできるかもと、微かな希望を見出しつつ帰路に就いたのでした。

男のクツは
靴墨で磨くとか
お手入れ方法が
確立されてるわりに女の
靴は色も素材も色々すぎて
マジで何をどうすれば
いいのか全然わからない
→靴が汚くなる→
そんなものは見たくない→
ますます汚くなる…の
汚のサイクルからの
脱出だ!!!

L I F E S T Y L E

24

驀進すべし！ いばらのセルフィー街道

自己アピールが苦手でシャイな日本人は一体どこへやら。
SNSのタイムラインはセルフィーであふれています。
でもどうしても気になっちゃうのは、
そう…フォロワーの反応！

自撮りにいいわけを必要とする女子たち…
髪型変えました！
まつエクつけたよ～☆

私はしょっちゅうツイッターに自撮りをアップするのですが、そのときに添える文面は必ず「今日のなゆゆだよ！」に統一しています。

これはなぜかというと、女子が恐る恐る自撮りを始めたセルフィー黎明期、みんな自撮りに必ず「髪型変えました～☆」とか「まつエクつけたよ～！」とかっていう文章を添える文化があったんですよ。これは、「私は髪型やまつエクを変えたという情報を伝えたいんです。決して顔を見てほしいわけじゃないんです」というメッセージが隠されているわけですね。なんでこんなエクスキューズを入れないといけないかというと、じゃなかったら容赦なく「ブス!!」とか「ババア!!」的なリ

ブス!!
ババア!!
顔をさらしてないアカウントは
顔をさらしてるアカウントに
対してどこまでも強気に
出られていいよね！

24

爆進すべし！ いばらのセルフィー街道

プライが飛んでくるからです。その予防線として、自撮りと共に「はぁ…私ほんとブス…」みたいな自己卑下を入れつつ自撮りをアップするというよくわからない行為が横行したりする時期もあったりして、私は思いました。

なんで女子がこんなことまでしなきゃいけないわけ？ ブスとかババアとか言われることにいつまで怯えて、へこへこ自虐してなきゃいけないわけ？

そこで私が打ち出したのが「今日のなゆゆだよ！」なのです。髪型でもまつエクでもなく私の顔！ 顔顔顔！ かわいく撮れた私の顔を見てくれ！ この自己肯定になんか文句あんなら言ってこいよ。相手してやっからよ。というマジギレの宣戦布告なのです。

マジギレの結果
殺
殺
殺
今日のなゆゆだよ！

以前に、とあるプロデューサーさんに言われたことがあります。「〝アー写〟撮ろうとするじゃん？ 高いスタジオ借りてプロの照明さんが照明組んで、プロがメイクしてプロのカメラマンが何千枚と写真撮ってプロのデザイナーに修整してもらうじゃん？ そんなめっちゃ金と手間暇かかった写真より、なんで、なんで本人がスマホで適当に撮った自撮りのほうがかわいいわけ⁉」と。

ことほどさように女子の自撮りはかわいい。世間ではそんな自撮りを詐欺だとかなんとか言う人もいます。でも自分で撮って自分で選んで自分で加工した一枚なんて、正面切って私の実力の産物じゃない？ 私だってたまに他撮りされた私の写真を見て、ブスす

24

爆進すべし！ いばらのセルフィー街道

わたし 姿勢が 悪いな…
あと ほうれい線 なんとか しねーと
他撮りから 学ぶことは多い…… しかしそれが真の姿という ことになるだろうか……っ 否!!

みんなも「今日の○○だよ♡」で自己肯定感モリモリ 高めていこ〜♡♡♡

自撮りで
盛れた
自分の姿は
私に恋してる
男の子の目に
映った私の姿
だと思って
いるよ！

ぎて落ち込んだりすることもありますよ。でも橋本環奈ちゃん以外の女子は、みんな他撮りをされるとブスに写る呪いがかけられているだけであって、落ち込む必要なんてないんですよ。本当の私は自撮りのほうなんですよ。だから他撮りの私とか現実の私の姿は偽物のほうなので、みなさん騙されないように、くれぐれも気をつけてね！

本書は、『Numéro TOKYO』（扶桑社）の連載、
峰なゆかの「ふんいき美人ちゃん」から
2017年7月号〜 2019年12月号を一部加筆修正してまとめました。
掲載されている情報や価格は取材当時のもので、
現在とは異なっている場合があります。
ご了承ください。

峰 なゆか

Nayuka Mine

1984年生まれ。漫画家、文筆家。
著書には壇蜜主演でテレビドラマ化された
『アラサーちゃん 無修正（1 〜 7巻）』（SPA!コミックス）、
一般男性とデートした闘いの記録を漫画化した
『女くどき飯』（SPA!コミックス）、
『恋愛カースト』（宝島SUGOI文庫 犬山紙子と共著）
などがある。

ブックデザイン
アルビレオ

編集協力
Numéro TOKYO編集部

もっと オシャレな人って思われたい！

2019年11月30日　初版第1刷発行

著者　峰なゆか

発行者　久保田榮一

発行所　株式会社扶桑社

〒105-8070 東京都港区芝浦1-1-1 浜松町ビルディング
電話　03-6368-8890(編集)／03-6368-8891(郵便室)
www.fusosha.co.jp

印刷・製本　大日本印刷株式会社

ISBN978-4-594-08337-3